AF477566

ESCRITOS EN LA CALLE

ESCRITOS EN LA CALLE

WRITTEN ON THE STREETS

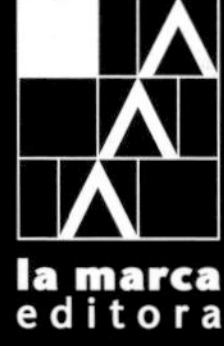

la marca
editora

Escritos en la calle / Written on the Streets
Fernando Aíta, Leandro Giovinazzi, Alejandro Güerri,
Tomy Lucadamo.

Buenos Aires, colección Registro Gráfico.

Escritos en la calle : Written on the Streets / Alejandro Martín Güerri ... [et al.]. - 1a edición bilingüe - Ciudad Autónoma de Buenos Aires : la marca editora, 2017.
128 p.; 15 x 15 cm. - (Registro gráfico / Guido Indij)
ISBN 978-950-889-283-6
1. Graffiti. 2. Arte Urbano. I. Güerri, Alejandro Martín
CDD 751.73

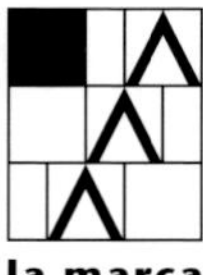

www.lamarcaeditora.com
lme@lamarcaeditora.com
(54 11) 4372-8091
Pasaje Rivarola 115 (1015)
Buenos Aires, Argentina.

Dirección editorial: Guido Indij
Edición: Fernando Aíta, Alejandro Güerri, Tomy Lucadamo
Textos: Fernando Aíta, Alejandro Güerri
Diseño: Leandro Giovinazzi
Composición y armado: Leandro Giovinazzi y GRaFiTi.
Corrección fotográfica: Lisandro Aldegani y Leandro Giovinazzi
Corrección: Victoria Villalba
Traducción al inglés: Fernando Aíta

Primera edición, la marca editora, 2017.

ISBN 978-950-889-283-6

Queda hecho el depósito que establece la ley 11.723
Libro de edición argentina.
Impreso en China. *Printed in China.*

Distribuye

www.asuntoimpreso.com
www@asuntoimpreso.com
(54 11) 4383-6262
Pasaje Rivarola 169 (1015)
Buenos Aires, Argentina.

Distributed in USA by
SCB Distributors

ÍNDICE

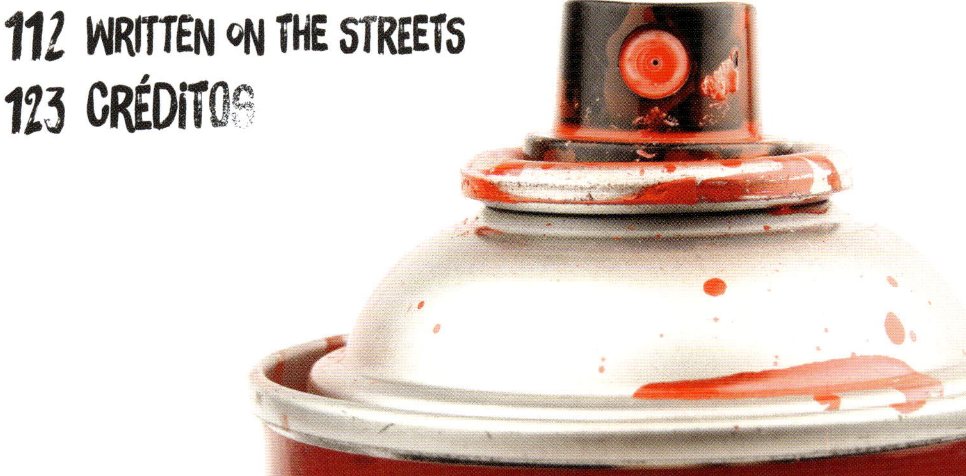

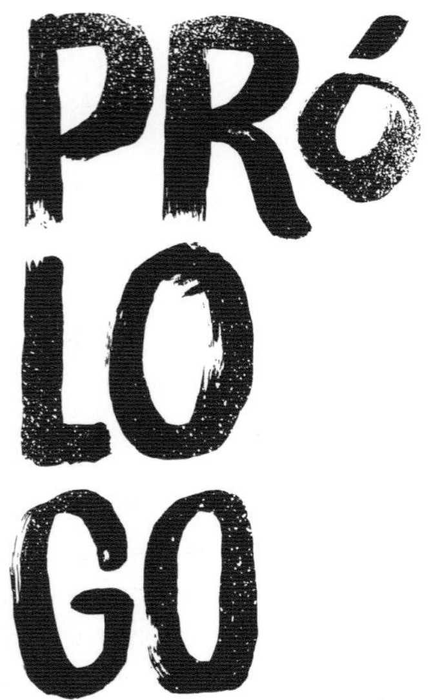

PRÓLOGO

Los grafitis, incluso los más racionales, son siempre el resultado de un apasionamiento, un furor que necesita ser dicho o mostrado a todos. Con firma o desde el anonimato, es la voluntad incontenible de expresar y comunicarse, muchas veces corriendo el riesgo de ser sorprendidos infraganti, con la pintura fresca. Y esa adrenalina es un elemento no menor en estas prácticas.

Este libro es un homenaje a todas las personas que salen a escribir y a pintar en la calle, las que se frenan a mirar, las que registran ese encuentro casual y fugaz con un grafiti. Un homenaje a todos los que habitamos este suelo, compartiendo nuestro andar, dejando huellas, y que, a través de los grafitis, miramos la ciudad con otros ojos.

El camino a este libro y el interés en el tema aparecieron en el 2002. Primero, como una sección en un periódico digital de literatura, **Ñusléter** www.niusleter.com.ar, donde se publicaban transcripciones de grafitis, frases que las lectoras y lectores anotaban con su calle o barrio, y nos mandaban por correo electrónico.

Desde 2009, la sección se independizó y se convirtió en un sitio especialmente dedicado a eso: **GRaFiTi** www.escritosenlacalle.com, una plataforma colaborativa en la que cualquiera puede subir fotos de grafitis. De ese archivo colectivo, provienen las imágenes de este libro, una selección sobre un total de 5.000 fotos, enviadas por más de 500 personas. En esta edición participan más de 40 fotógrafos y fotógrafas, profesionales y aficionados.

Con la palabra "grafitis" queremos dar cuenta de una cantidad de manifestaciones que comparten el hecho de ser pintadas en la calle. Mayormente son anónimas, muchas veces realizadas sin autorización, e incluyen varias técnicas y estéticas: escritos, pintadas, dibujos, grafiti hip-hop, murales, *street art*, hechos con aerosol, látex, marcador, pegatinas y más. En nuestro recorte predominan los grafitis que usan la palabra escrita como medio de expresión. Formas condensadas de la literatura popular.

Como en cualquier asunto que se investigue, hay pioneros, antecedentes remotos y hallazgos tardíos, pero gran parte de los grafitis que nuestras calles lucen hoy, tuvieron sus inicios en la vuelta de la democracia. En los años 80 las pintadas expresaban un alivio por la recuperación de libertades, y la necesidad de elaborar el horror y la oscuridad. La pintura en aerosol era una novedad. Y se podía salir de noche, el momento propicio para una práctica considerada ilegal. Entonces, los grafitis reunían la estética rockera, contracultural, el humor popular, y un pensamiento crítico, a veces irónico. Proliferaban las frases, con ideas o sentimientos puestos en palabras ingeniosas.

En los años 90, globalización mediante, las nuevas tecnologías de comunicación dieron paso a una cultura más visual. Los viajes al exterior, posibles por la convertibilidad, abrieron las puertas al tráfico de influencias. En una década signada por el diseño y el acceso masivo a nuevos medios de producción (computadoras, impresoras), se vio la expansión de la técnica del esténcil. Y las primeras apariciones de grafitis de origen neoyorkino, arraigados en la cultura hiphopera: *tags*, bombas y piezas, firmas y dibujos destinados principalmente a la comunidad de iniciados. Ambos estilos tienen algo en común, se basan en la reiteración, en repetir muchas veces en distintos lugares una misma imagen o caligrafía.

En la década del 2000, se consolidaron distintas vertientes del arte callejero (*street art*). Murales pintados al látex, o hechos con esténciles, con paletas de colores y trazos definidos. Obras de grandes dimensiones realizadas con extensores o andamios. La aparición del "muñequismo": personajes (*characters*) en situaciones alucinógenas, con una estética inspirada en las historietas. Derivaciones estilísticas (*post-grafiti*) donde el límite entre letra y dibujo se vuelve poroso, y las firmas se convierten en figuras geométricas, abstracciones, puras combinaciones de formas y colores. Aunque son preeminentemente pictóricas, varias de estas piezas incluyen frases o dedicatorias.

Más allá de las tendencias, la frase pintada con aerosol o marcador es una constante y nunca pierde su vigencia. Una forma de expresión básica y eficaz, muy accesible, que no requiere destreza técnica, y ni siquiera buena ortografía. Pueden leerse citas, pero en su mayoría se trata de textos anónimos. Cambian las palabras, las referencias, las caligrafías, pero las pintadas de frases sostienen su capacidad de emocionar, de estimular la imaginación, de abrir sentidos...

Nuestra selección de grafitis privilegió expresiones características de la cultura local. Buscamos rasgos propios del imaginario y el habla de los argentinos. Buscamos signos y rastros en el fútbol, en la música, en la política, en las formas autóctonas de expresar el amor, y en un amplio conjunto de ideas e intuiciones que podríamos llamar "pensamiento".

Creemos que es un muestrario representativo de lo que se pinta en nuestro país. Un registro de la oralidad, un archivo lingüístico, de tipografías, de imágenes, de ideas y sentimientos que se expresan en la calle. Una mirada plural que reúne algunas páginas sueltas del incesante libro colectivo que se lee en las paredes.

Disfruten.

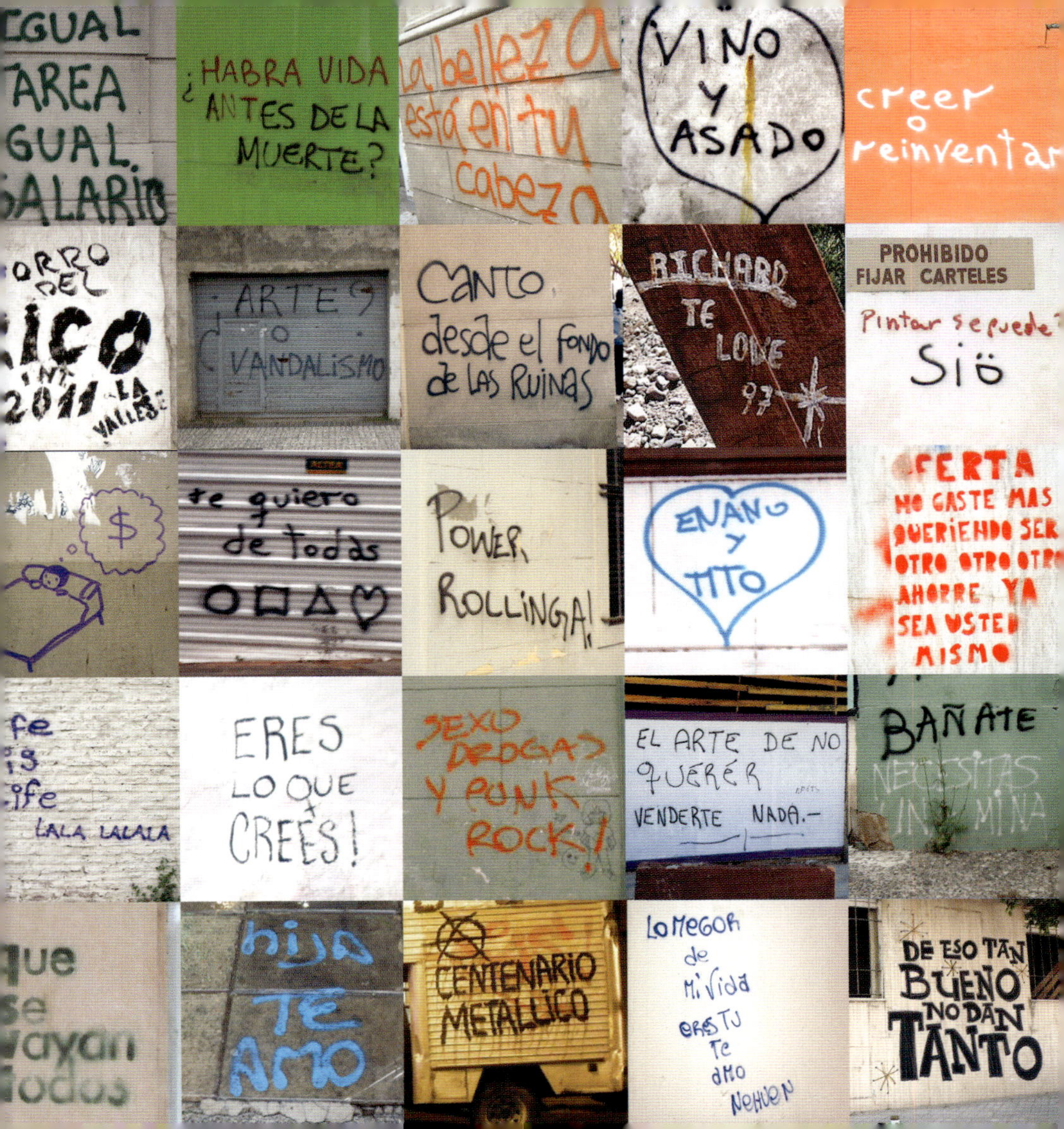

IGUAL
AREA
GUAL
¿HABRA VIDA ANTES DE LA MUERTE?
la belleza está en tu cabeza
VINO Y ASADO
creer o reinventar
ARTE O VANDALISMO
CANTO desde el fondo de las ruinas
RICHARD TE LOVE 97
PROHIBIDO FIJAR CARTELES
Pintar se puede? Sió
$
te quiero de todas
POWER ROLLINGA!
ENANO Y TITO
FERTA NO GASTE MAS QUERIENDO SER OTRO OTRO OTRO AHORRE YA SEA USTED MISMO
LALA LALALA
ERES LO QUE CREES!
SEXO DROGAS Y PUNK ROCK!
EL ARTE DE NO QUERER VENDERTE NADA.-
BAÑATE NECESITAS UNA MINA
que se vayan todos
hija TE AMO
CENTENARIO METALLICO
LO MEGOR de Mi Vida eres tu te amo NEHUEN
DE ESO TAN BUENO NO DAN TANTO

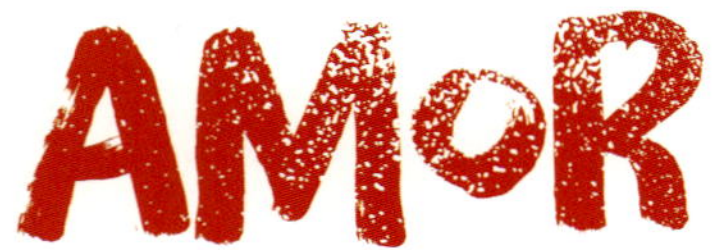

¿Quién no sintió alguna vez esa fuerza embriagadora y las ganas incontenibles de compartirla con los demás, de hacerla pública? La forma del corazón con dos nombres unidos por una "y", es tal vez la síntesis más simple de un sentimiento complejo.

El amor es una experiencia universal con modos muy particulares, y los grafitis que inspira son los más constantes, sin importar el lugar o los años. En nuestro país esa encantadora abstracción se tiñe con tinte local en los apelativos cariñosos (*Cosita linda, Culito)*, en el voseo (*Sos lo mejor que me pasó en la vida*) y en expresarse con un *Te amo* o con un *Te quiero.*

Género practicado desde temprano en aulas y pupitres, el grafiti de amor suele dirigirse a alguien en particular, es un mensaje personalizado. Puede no llevar firma, pero el nombre de la persona amada es una fija. La declaración a veces viene con fecha, y los grafitis pueden perdurar por años, acaso más allá de las relaciones.

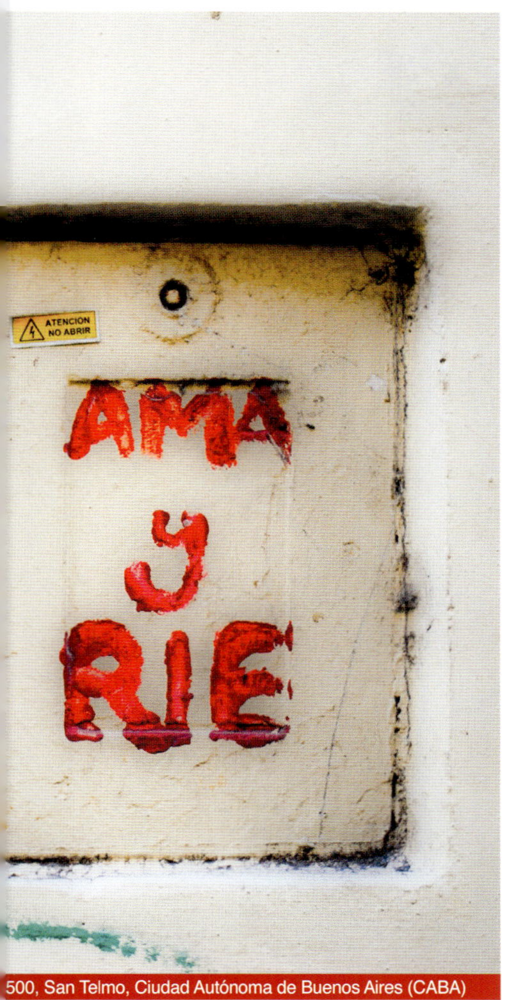

500, San Telmo, Ciudad Autónoma de Buenos Aires (CABA)

En los grafitis de amor se encuentran tanto promesas como pedidos de perdón, broncas o despechos, terceros en discordia, deseos sexuales, consejos para amantes...

Además de las relaciones amorosas, en los grafitis de amor se manifiestan la cultura familiera y la amistad. Como sucesores de los viejos pasacalles, hoy abundan los mensajes entre parientes: padres que aman a sus hijos, felicitaciones de cumpleaños firmadas por toda la parentela. En los grafitis entre amigos se leen agradecimientos, gastadas, consejos... Y existe un subgrupo particular de homenajes para los que ya no están.

Otra clase de grafiti amoroso se concentra en lo existencial del asunto. Hay consignas y pedidos, como el recurrente lema "*Más amor por favor*", nacido como proyecto artístico en San Pablo. Pintadas que expresan descreimiento en momentos de ausencia, *No creo en el amor...* Una fe incondicional en esa potencia, *Sólo el amor salvará al mundo.* O frases que buscan definirlo: *El amor es...*

Hay amores para toda la vida. Otros duran menos que una pintada. Todos cambiantes como las paredes donde se escriben.

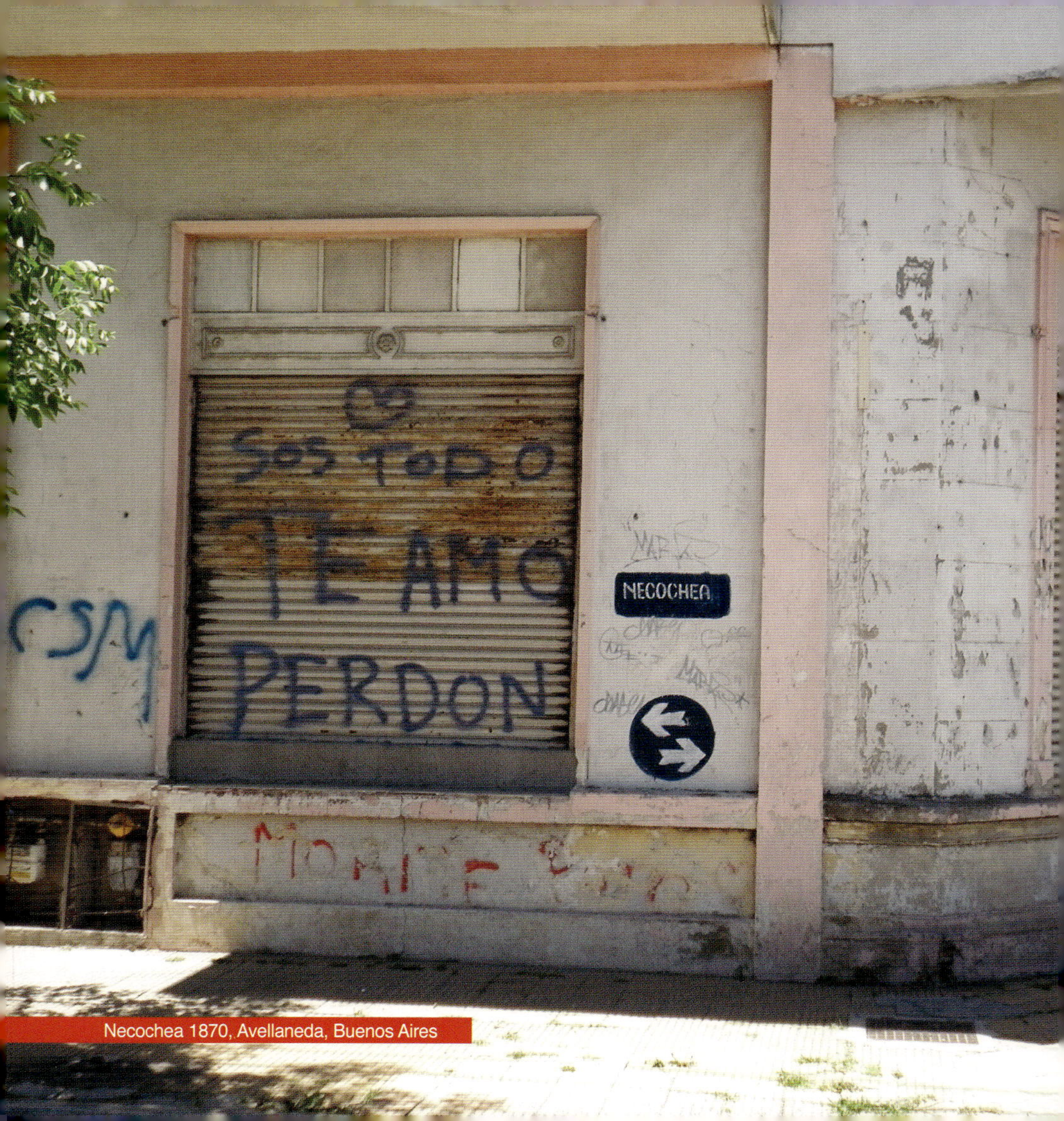

Necochea 1870, Avellaneda, Buenos Aires

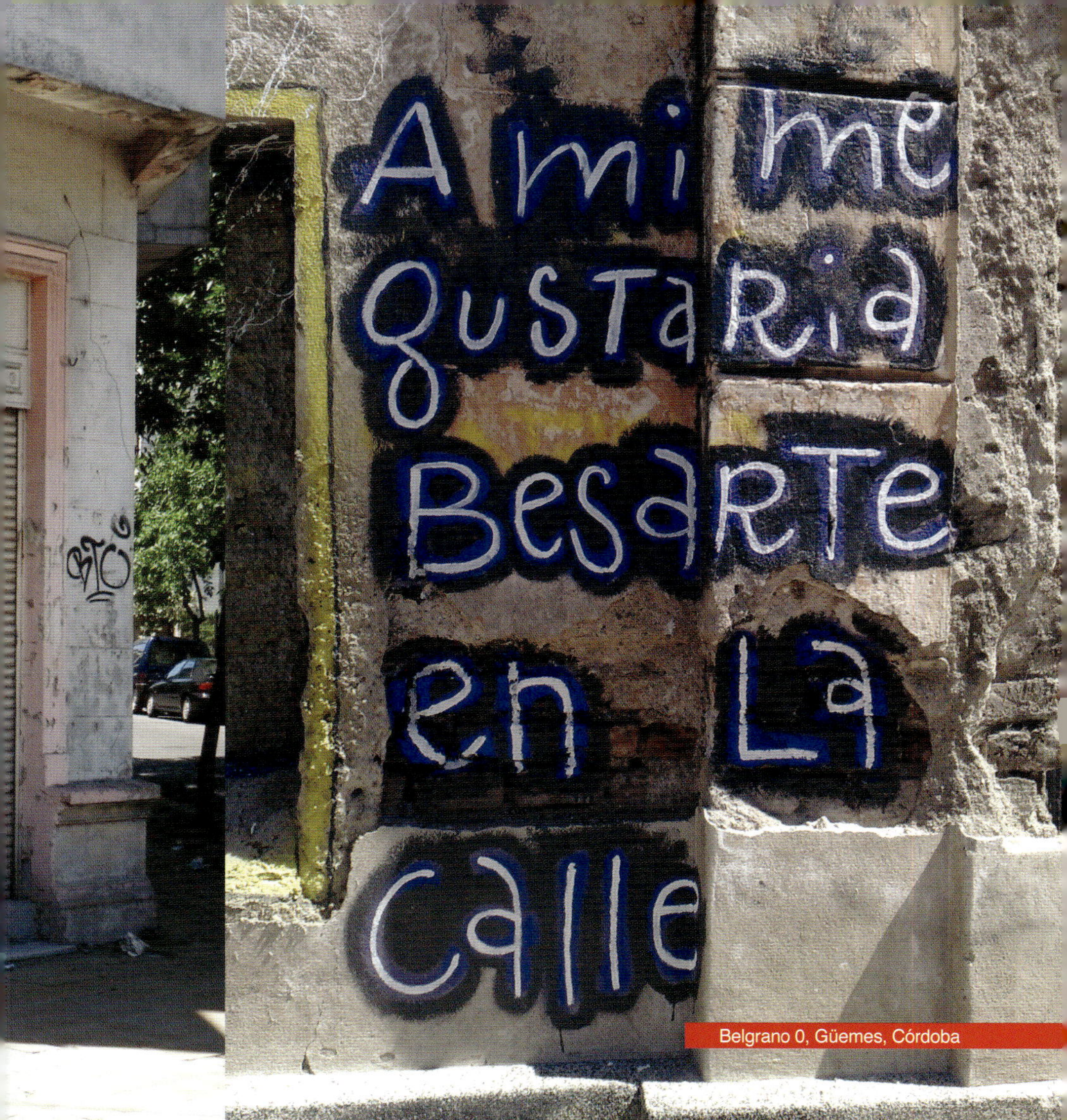

Belgrano 0, Güemes, Córdoba

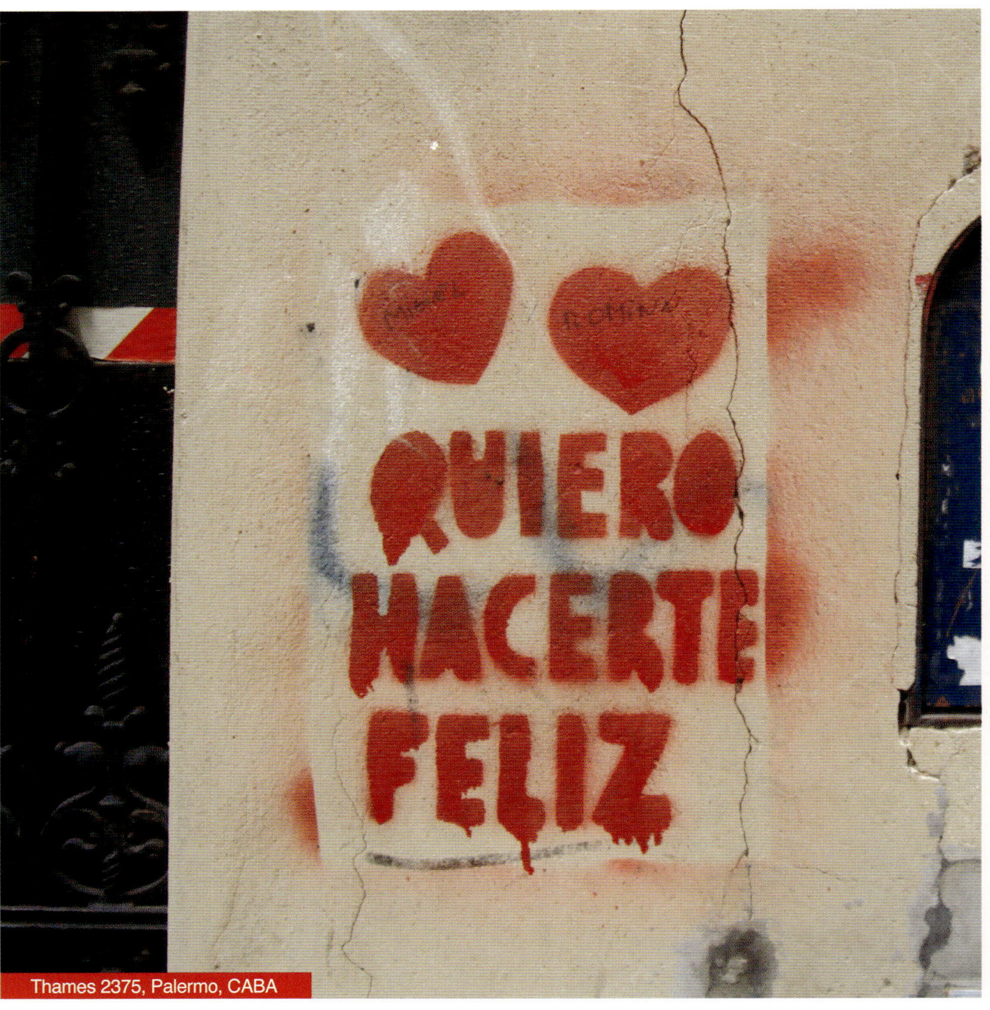

Thames 2375, Palermo, CABA

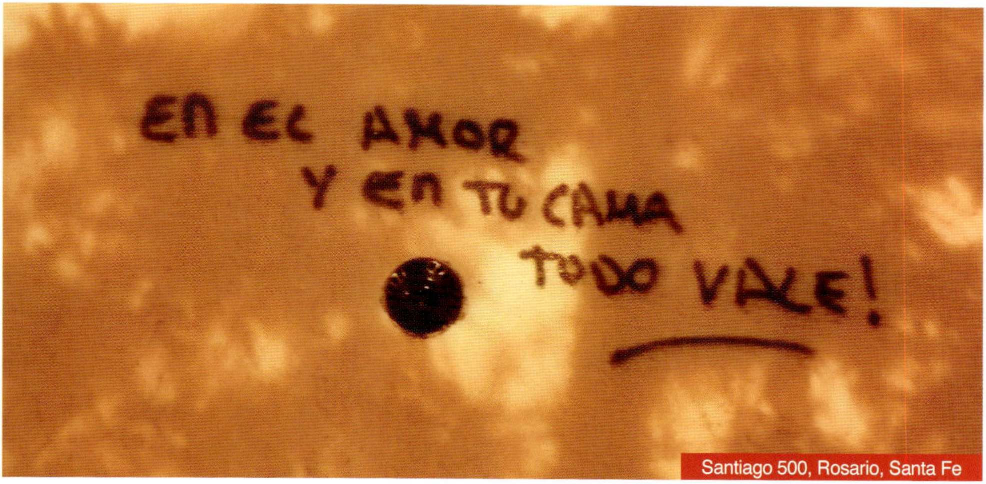

Santiago 500, Rosario, Santa Fe

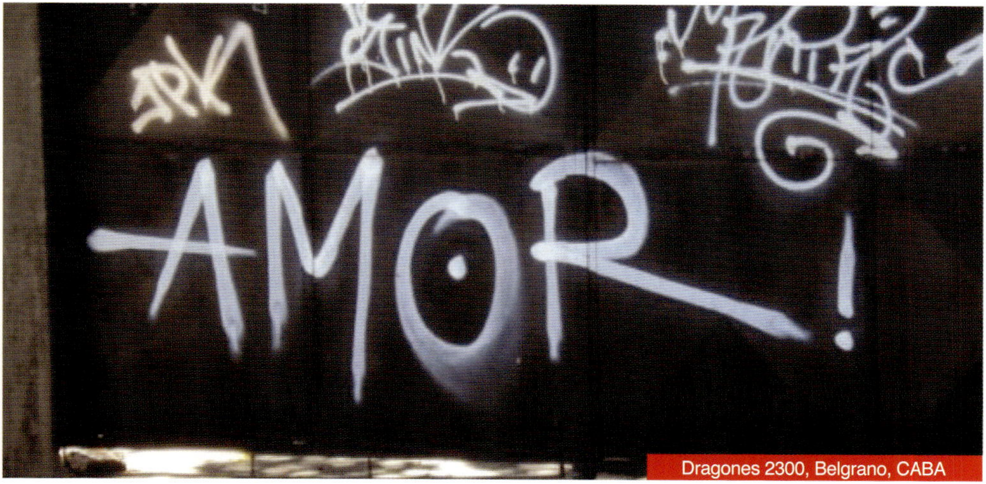

Dragones 2300, Belgrano, CABA

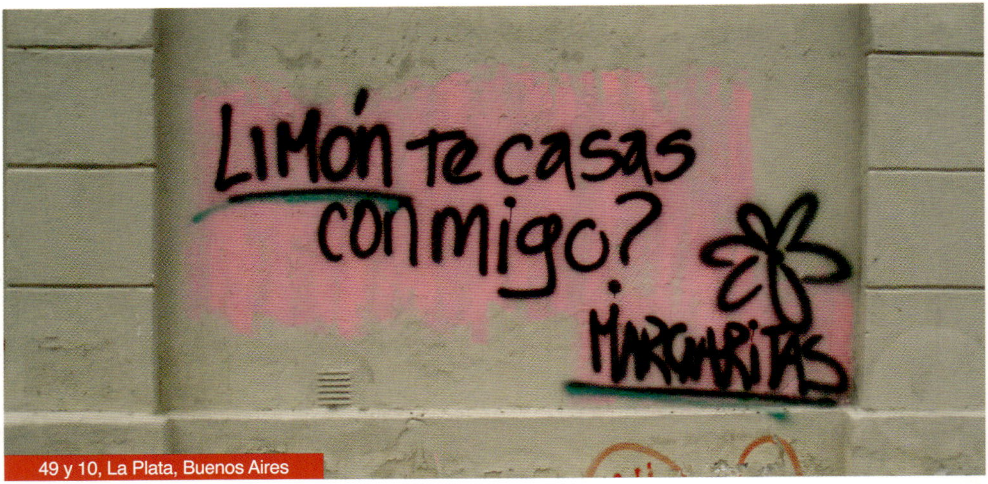

49 y 10, La Plata, Buenos Aires

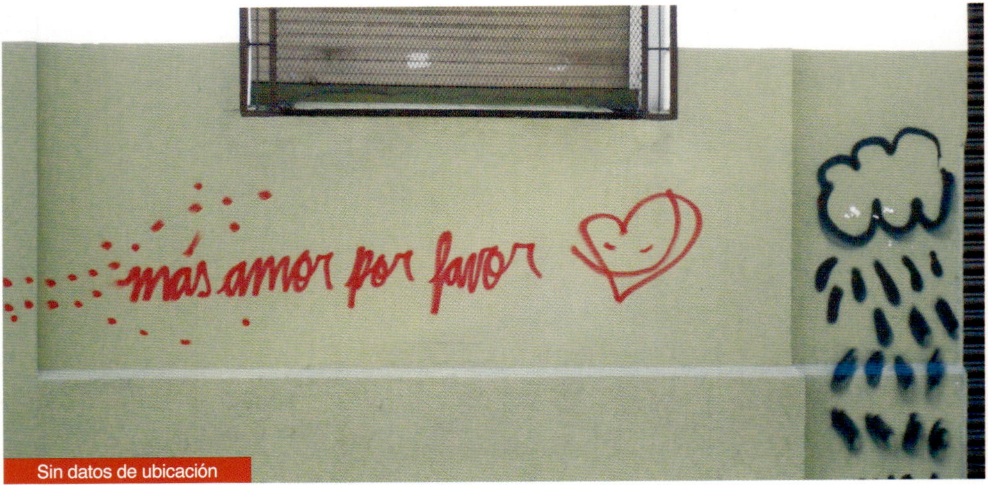

Sin datos de ubicación

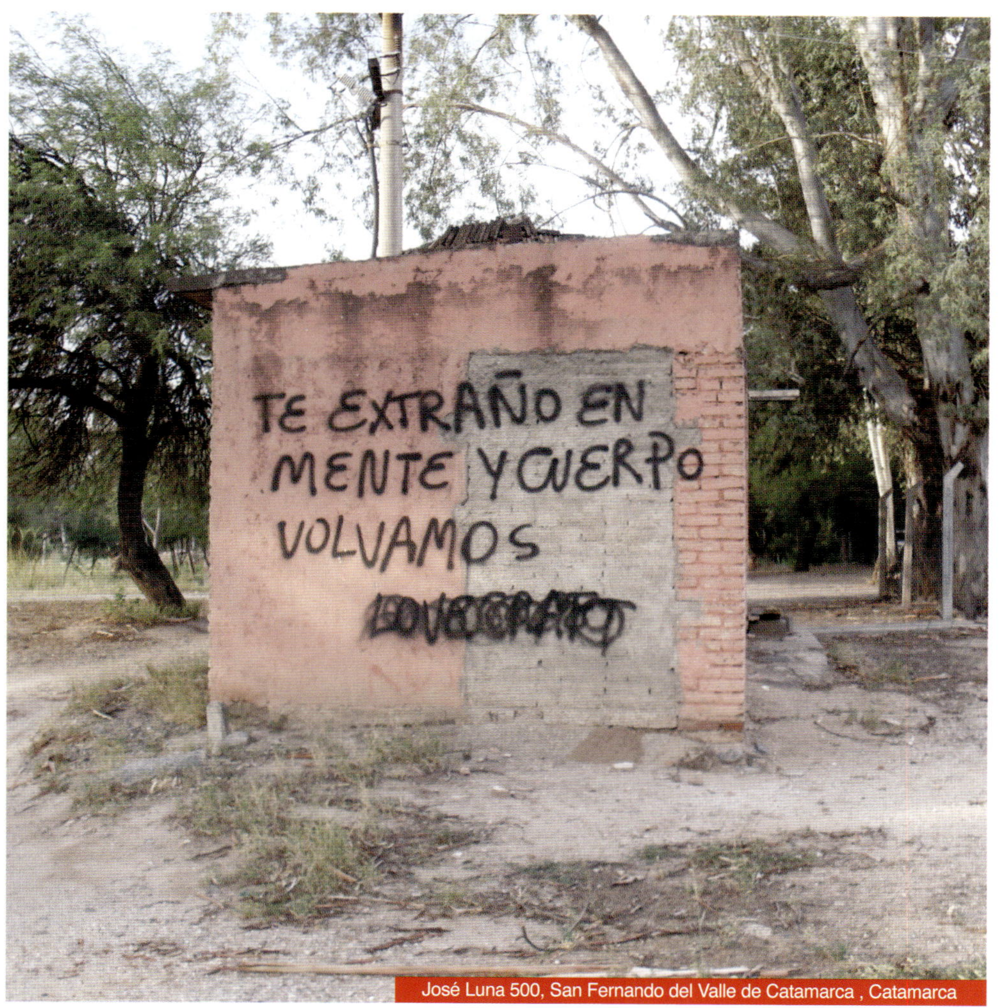

José Luna 500, San Fernando del Valle de Catamarca , Catamarca

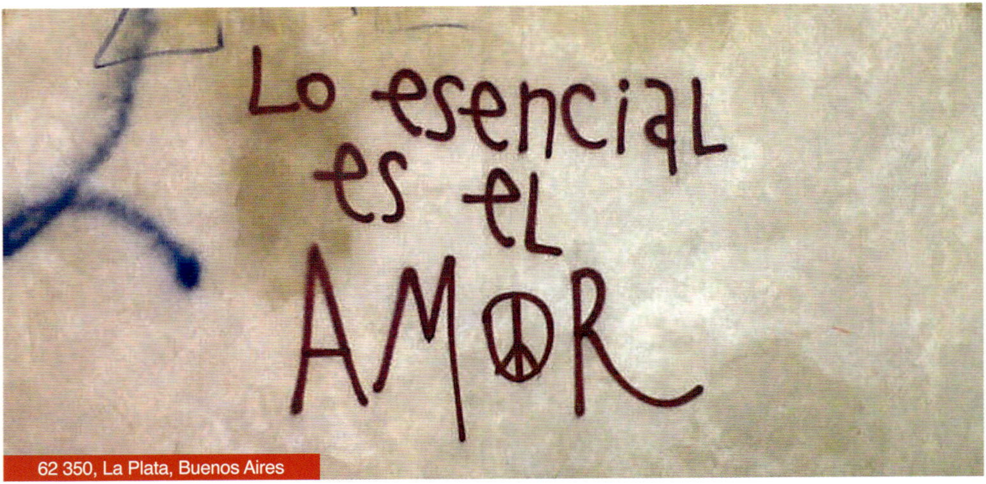

62 350, La Plata, Buenos Aires

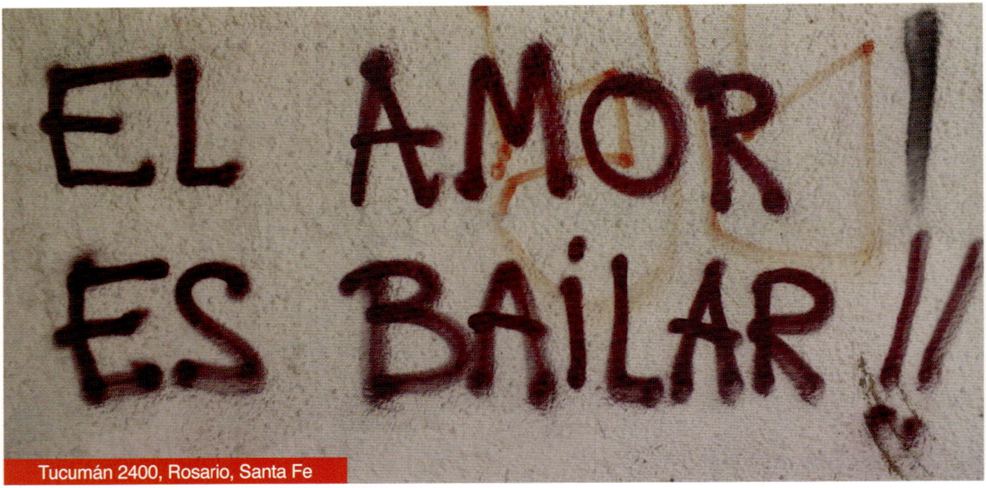

Tucumán 2400, Rosario, Santa Fe

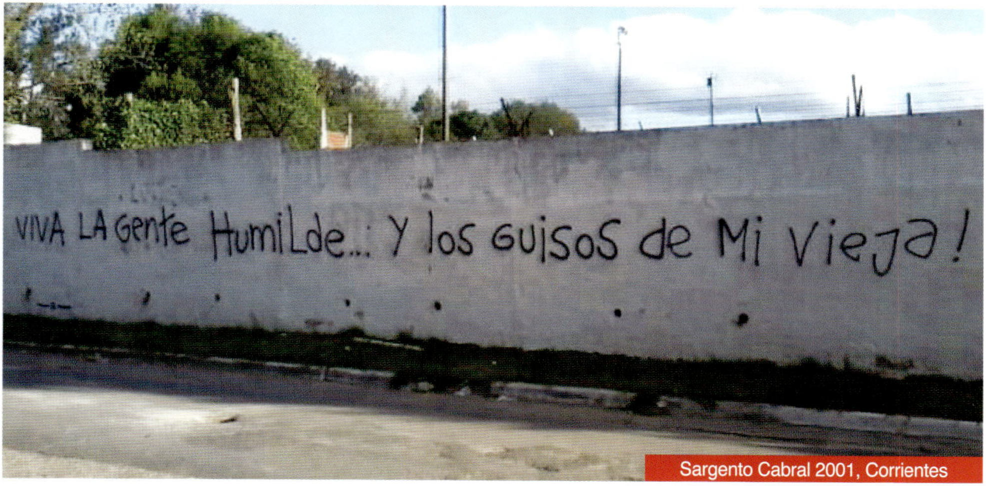

Sargento Cabral 2001, Corrientes

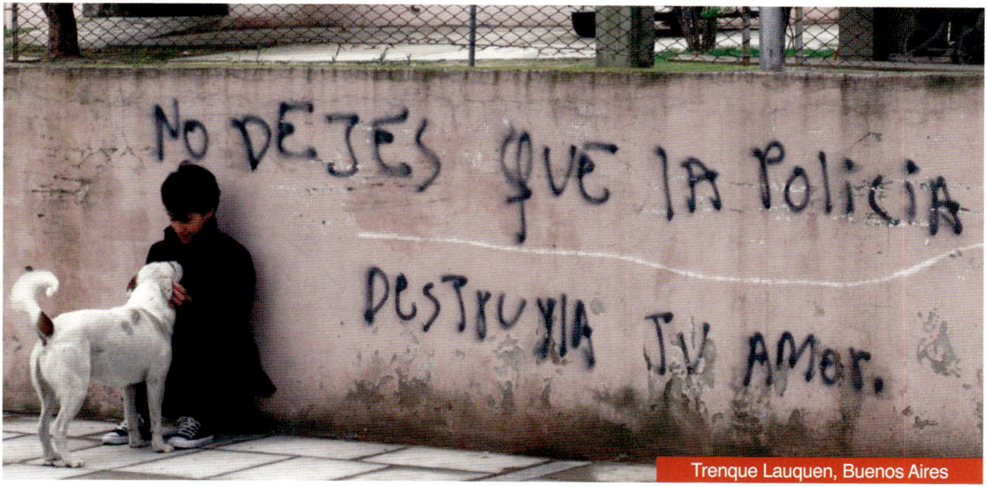

Trenque Lauquen, Buenos Aires

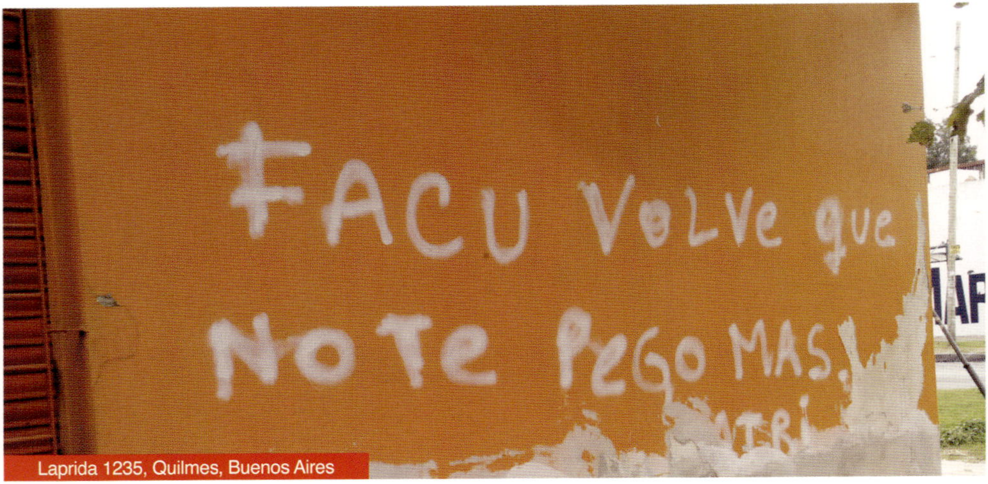

Laprida 1235, Quilmes, Buenos Aires

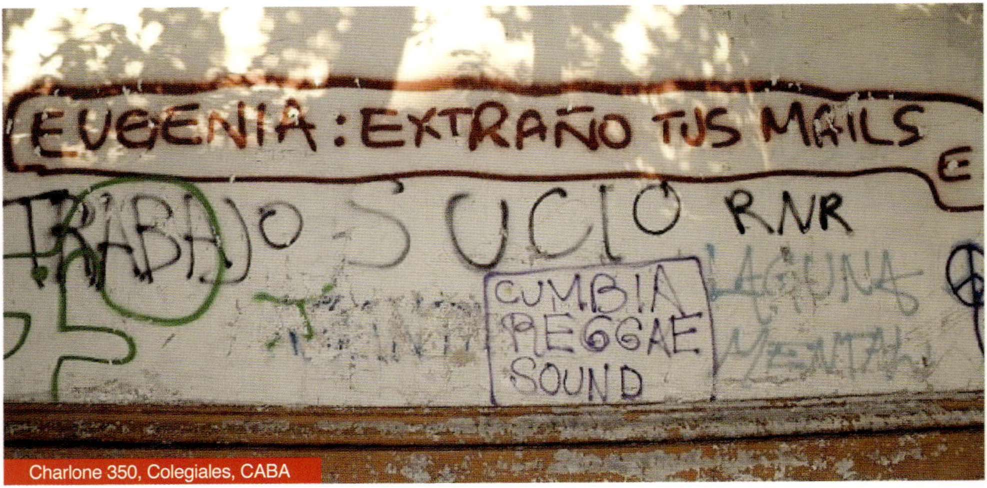

Charlone 350, Colegiales, CABA

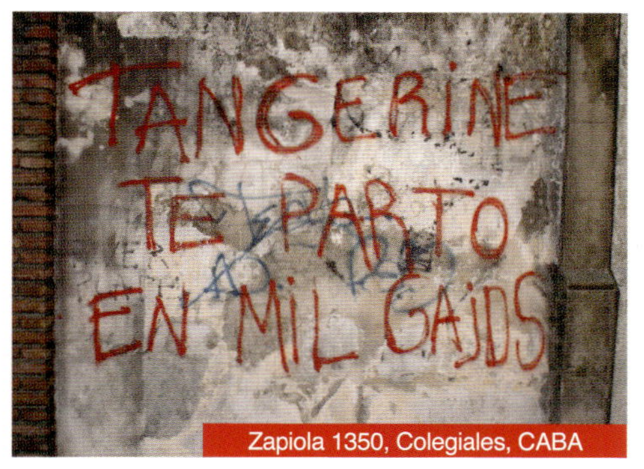

Zapiola 1350, Colegiales, CABA

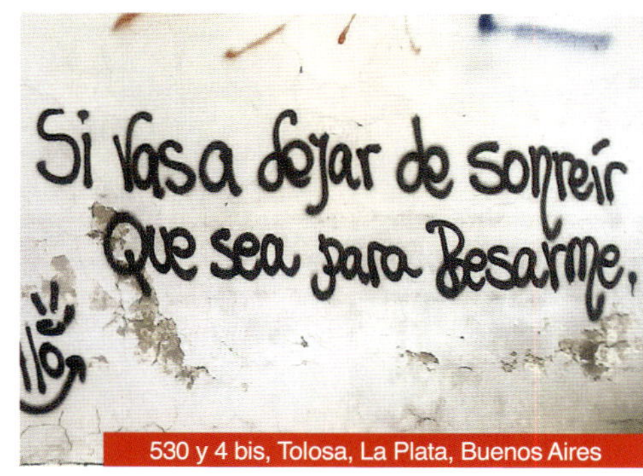

530 y 4 bis, Tolosa, La Plata, Buenos Aires

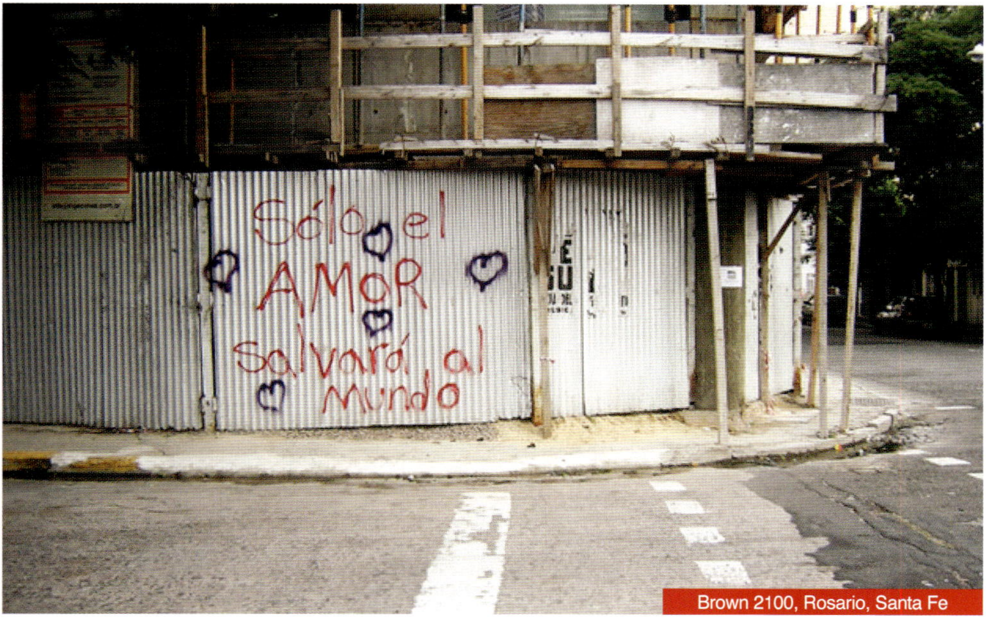

Brown 2100, Rosario, Santa Fe

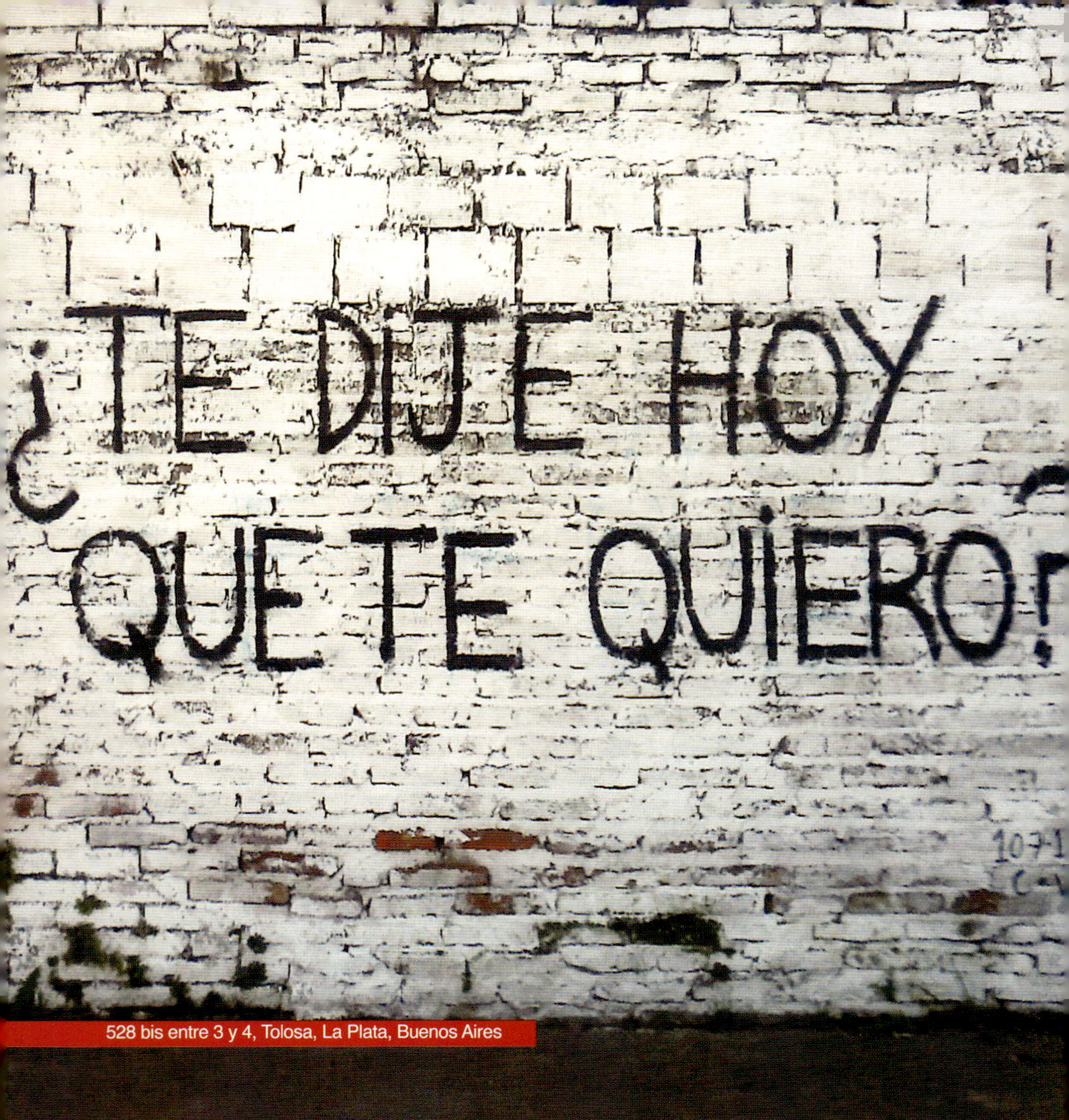

528 bis entre 3 y 4, Tolosa, La Plata, Buenos Aires

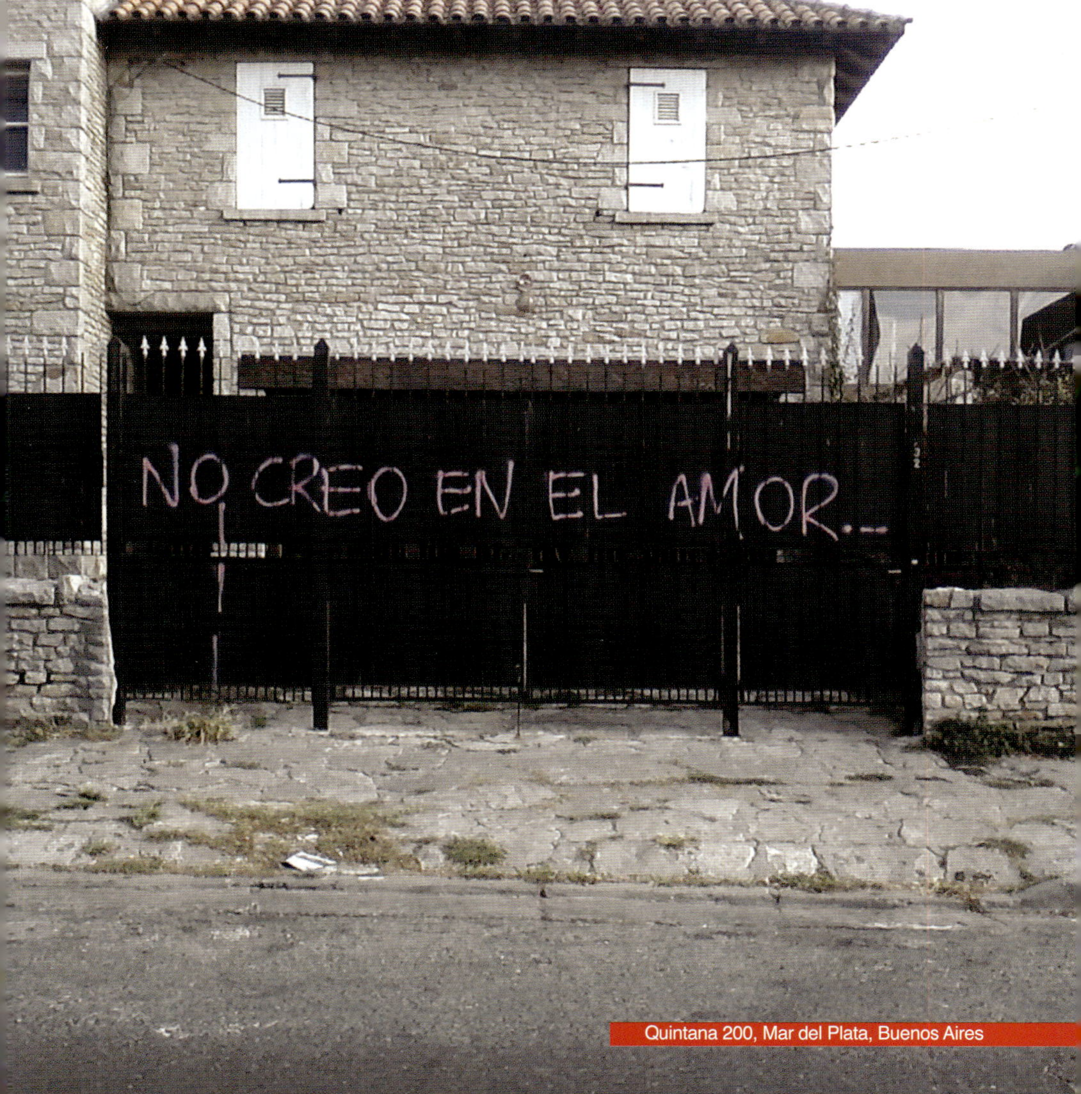

Quintana 200, Mar del Plata, Buenos Aires

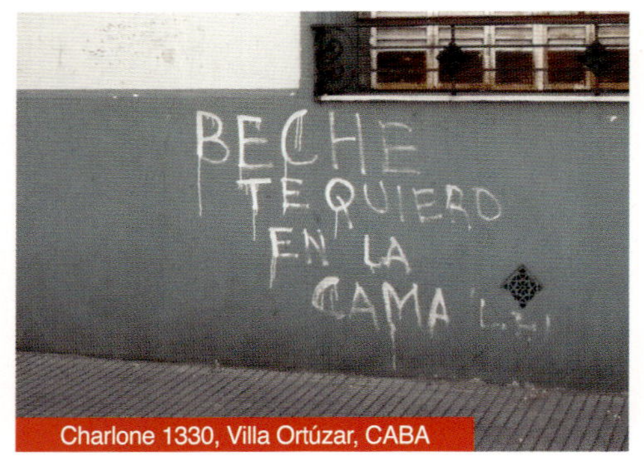

Charlone 1330, Villa Ortúzar, CABA

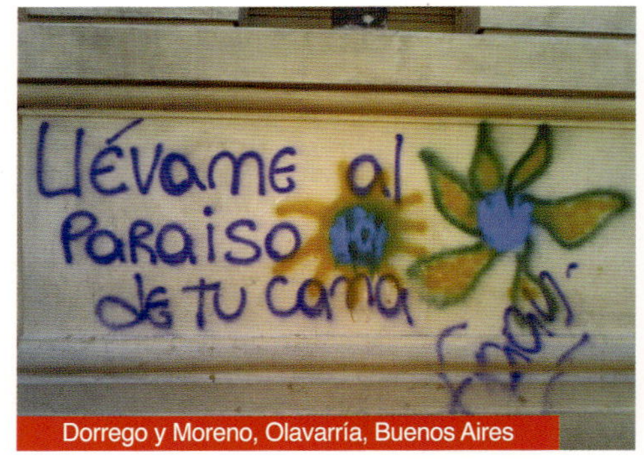

Dorrego y Moreno, Olavarría, Buenos Aires

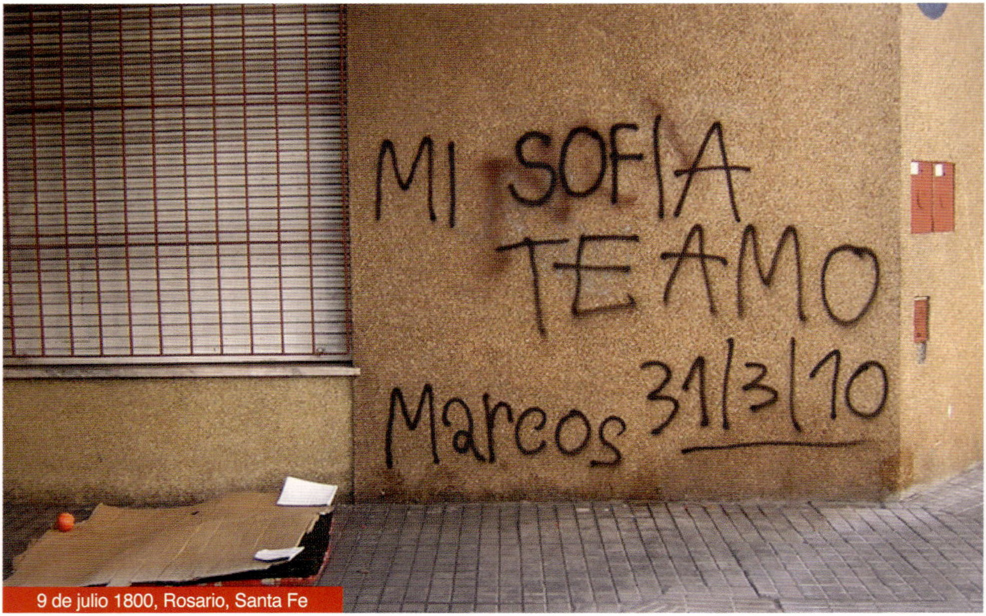

9 de julio 1800, Rosario, Santa Fe

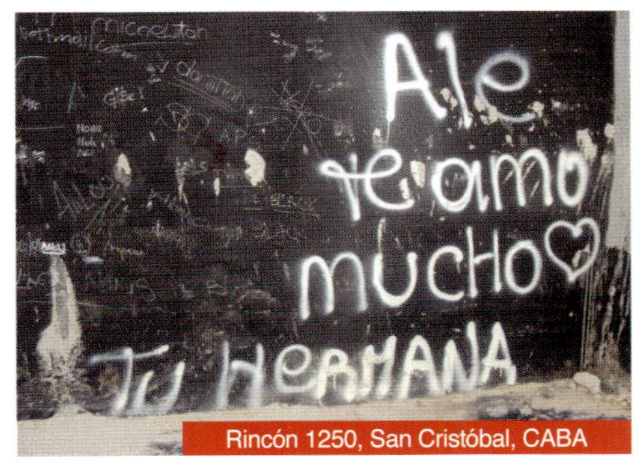

Rincón 1250, San Cristóbal, CABA

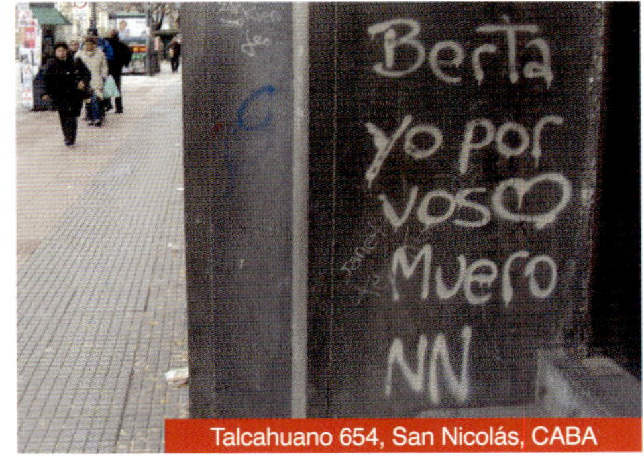

Talcahuano 654, San Nicolás, CABA

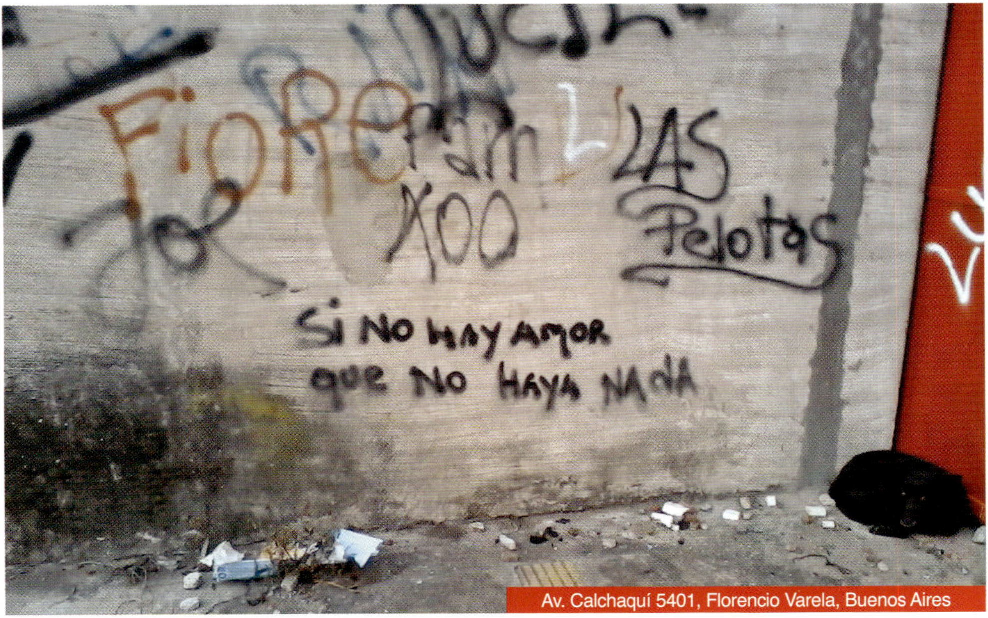

Av. Calchaquí 5401, Florencio Varela, Buenos Aires

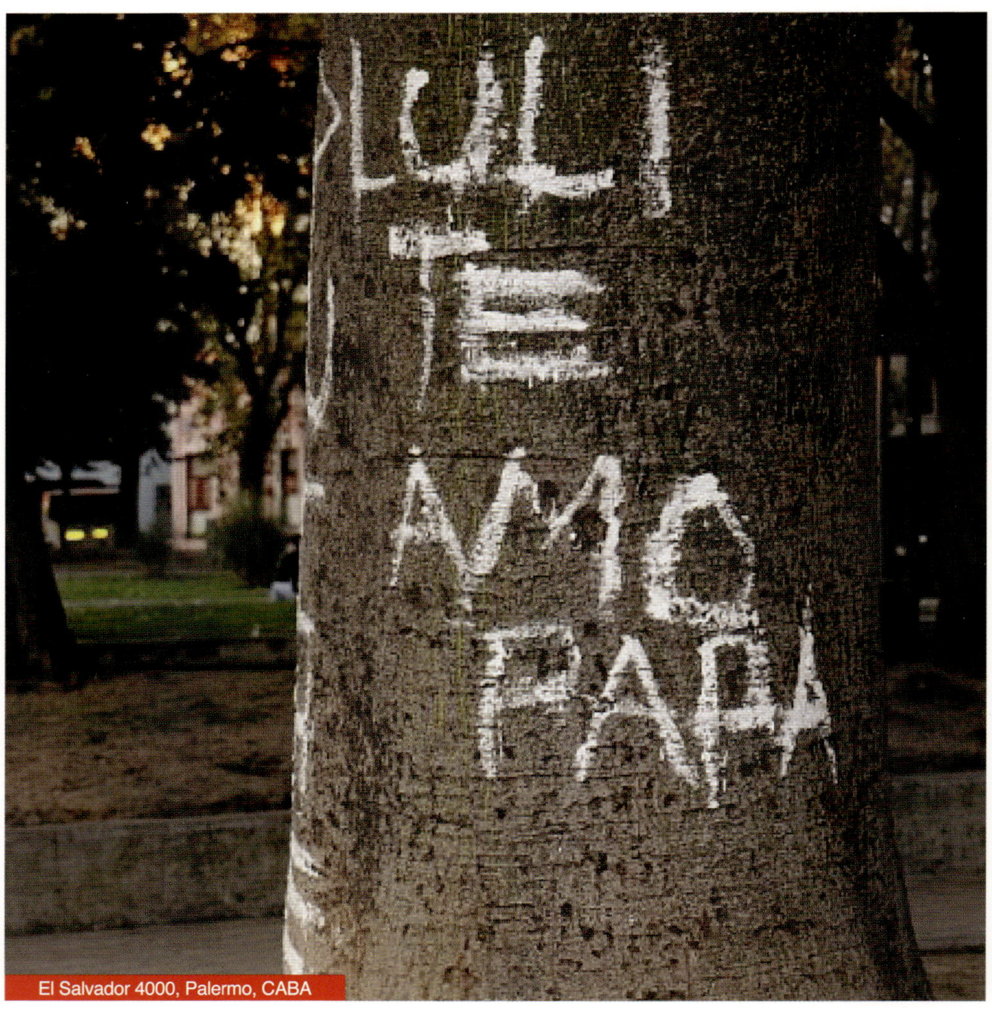

El Salvador 4000, Palermo, CABA

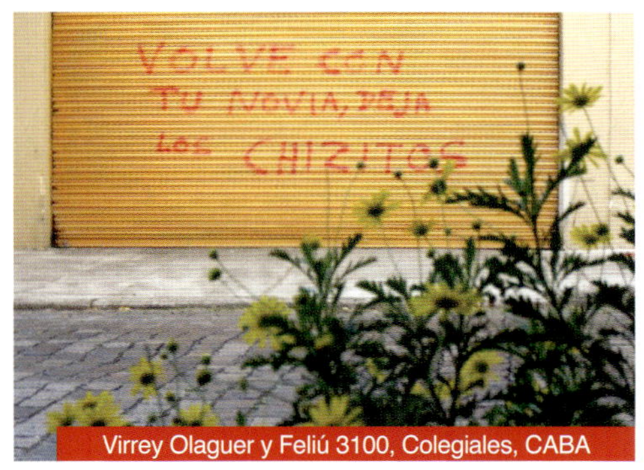

Virrey Olaguer y Feliú 3100, Colegiales, CABA

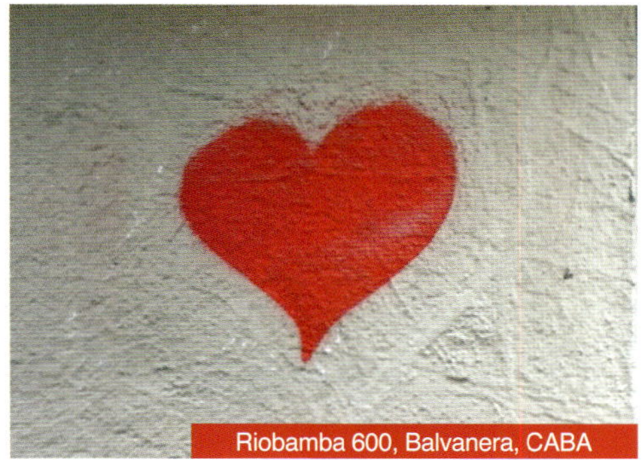
Riobamba 600, Balvanera, CABA

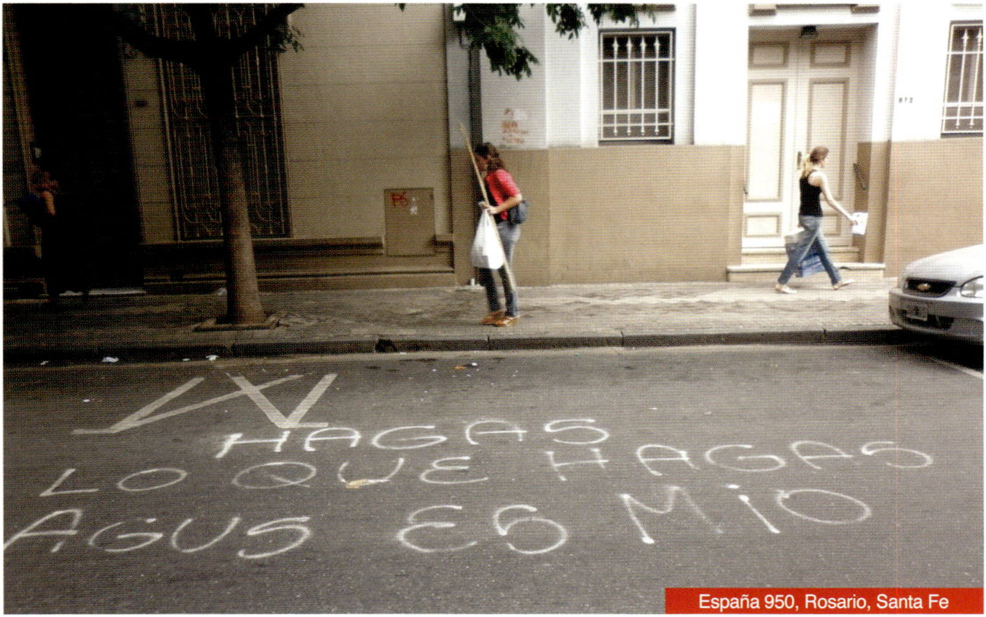

España 950, Rosario, Santa Fe

MÚSICA

Los grafitis musicales están fuertemente ligados a la cultura rockera. Rock y grafitis se establecen como un dúo clásico a partir de los 80, cuando la vuelta de la democracia coincidió con el auge de las radios FM. Una de las formas más frecuentes, nacida entonces y todavía en vigencia, es escribir el nombre en aerosol del ídolo o la banda admirada: la expresión callejera del culto a la estrella. La otra es la búsqueda de promoción de bandas que recién arrancan, y pintan su nombre en paredes y persianas, un aparato de prensa casero que también recurre al calco, al fanzine y al volante del próximo recital pegado con engrudo.

Los nombres de bandas siempre estuvieron entre los grafitis más difundidos. A la primera lectura pueden sonar como frases enigmáticas, pero muchas veces un estilo musical nos aclara de qué se trata: ska, reggae, hardcore... Otras pintadas, más que publicitar a determinado grupo o solista, reivindican a un género, a la tribu que se agita con ciertos ritmos y sonidos: *Menos mal que nos queda el metal. Sexo, drogas y punk rock.*

Durante los 90, con el auge del diseño y el acceso masivo a computadoras, impresoras e internet, tanto el culto de íconos nacionales y extranjeros como las campañas de auto bombo, incorporaron la técnica del esténcil, que redundó en una mayor presencia de logos y tipografías para reforzar la identidad de los grupos. Otra novedad de esos años es que a los tradicionales grafitis de rock, heavy metal y punk, se suman pintadas cumbieras, quizás como un eco del furor de las bailantas y las bandas de cumbia en la TV.

Buena parte de las pintadas cita estribillos, estrofas o versos de canciones. En su mayoría se trata de letras de rock nacional;

los ejemplos del folklore y el tango escasean. Pueden verse también canciones de otros países, muchas escritas en inglés, otras traducidas. Los grafitis de canción ponen por escrito lo que nos llegó por el aire, a través de la radio, la tele, en una fiesta, o en una guitarreada. En ocasiones, una clave de sol o una corchea nos dan la pista de que ese texto lleva música. Al leer la pintada, uno puede reconocer quién toca el tema, pero no siempre sabe quién escribió la letra, el autor se vuelve un poco anónimo: lo que es seguro es que a alguien le gustó tanto como para ir y pintarla. Y una misma canción puede aparecer en diferentes barrios y ciudades.

Últimamente, gracias al impulso del arte callejero, y algunas iniciativas oficiales para hacerle lugar en el espacio público, se ven grandes murales que homenajean a referentes de la música popular, como

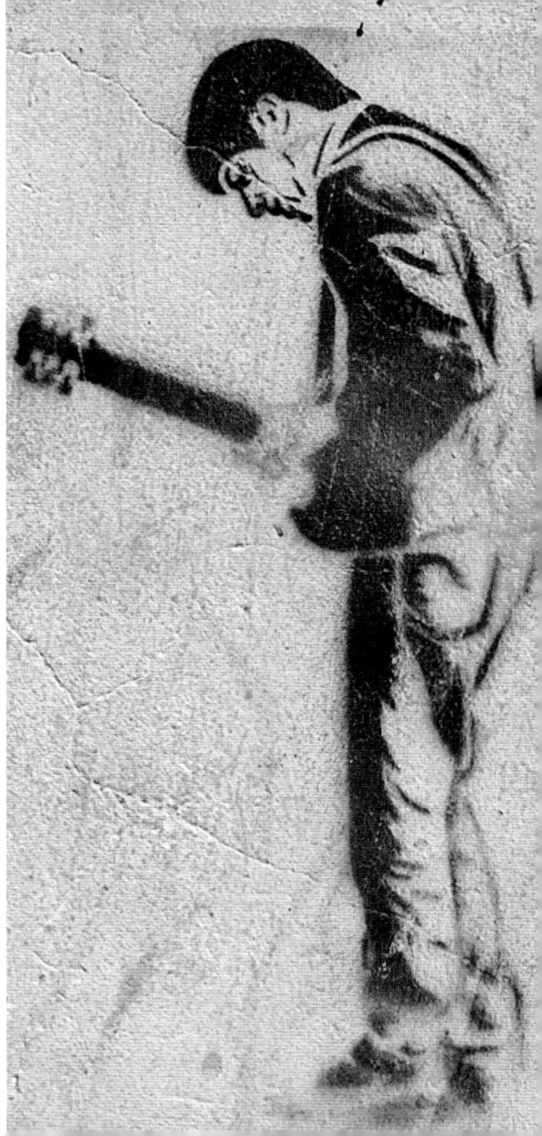

Pappo, Sandro, Piazzolla, Luca Prodan, Charly García, Spinetta, el Indio Solari, entre otros.

En muchas esquinas también se ven retratos algo más rústicos de esos y otros ídolos. Los admiradores suelen agregar citas o frases de amor y devoción a los murales, y en estos casos las intervenciones no se consideran actos vandálicos: forman parte de un ritual.

Más allá de las figuras, los estilos y la búsqueda de notoriedad, otros grafitis musicales directamente celebran la existencia misma de la música. O más simple, como dice en una pared: *La vida sin música es una mierda.*

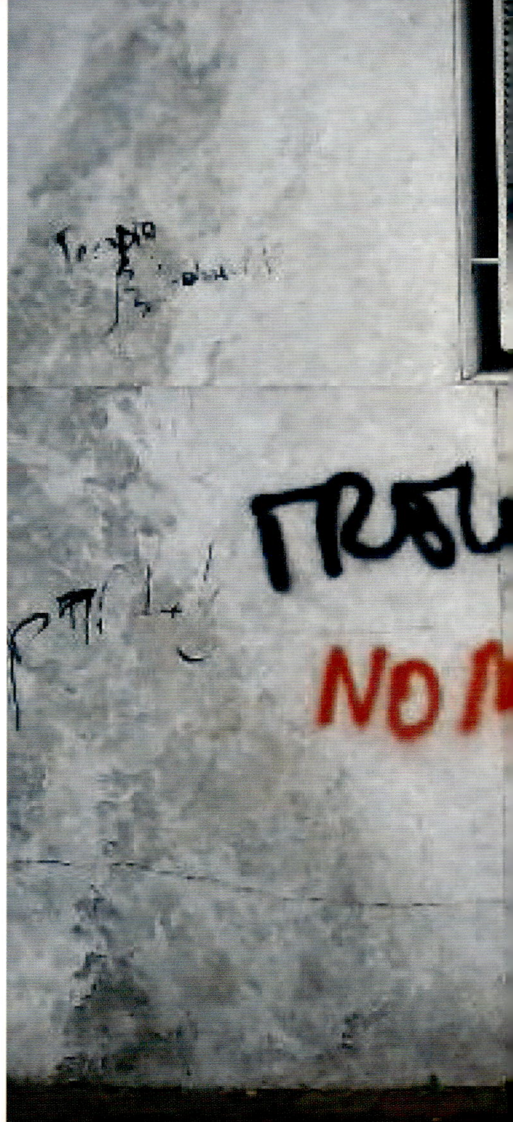

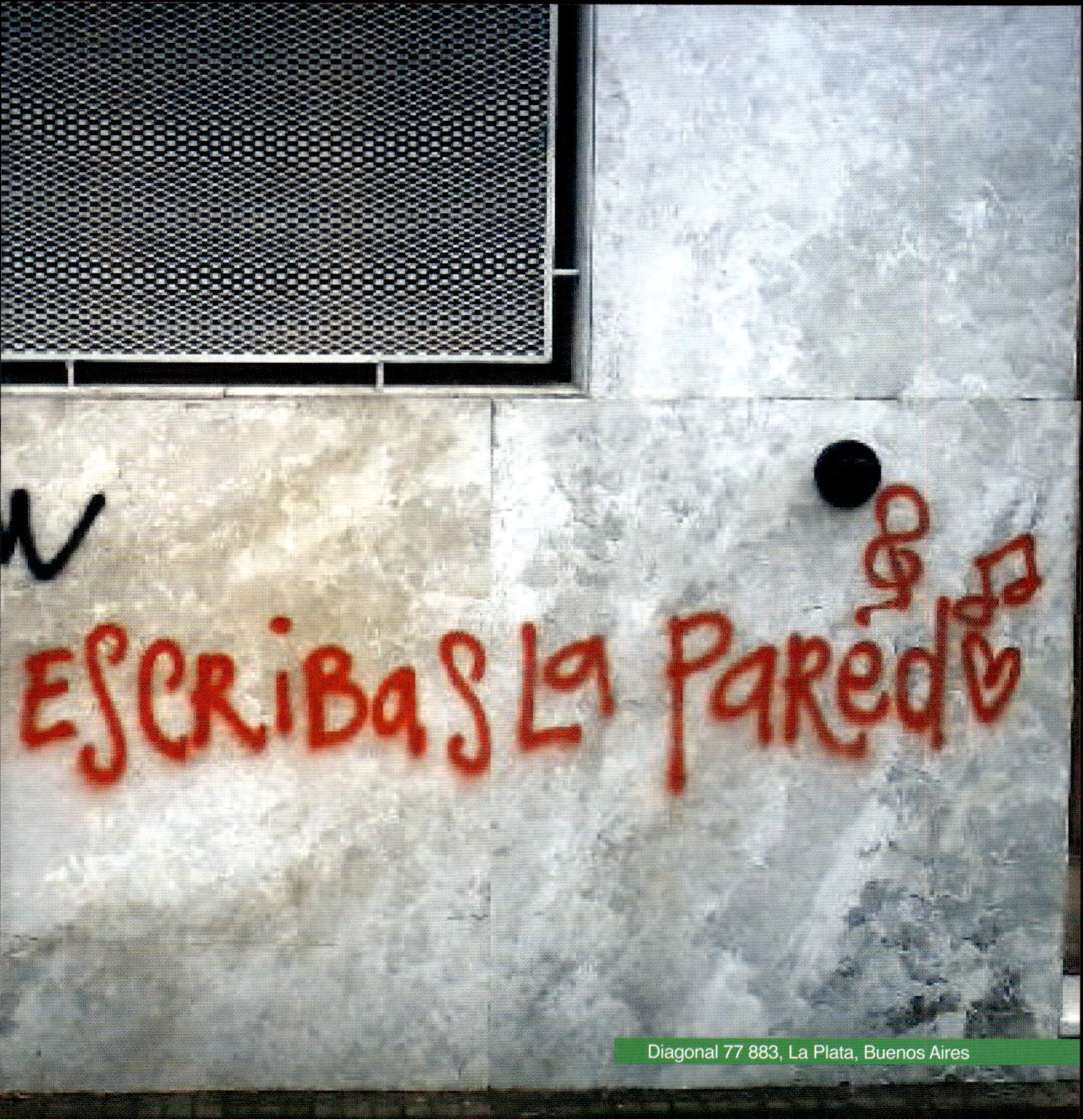

Diagonal 77 883, La Plata, Buenos Aires

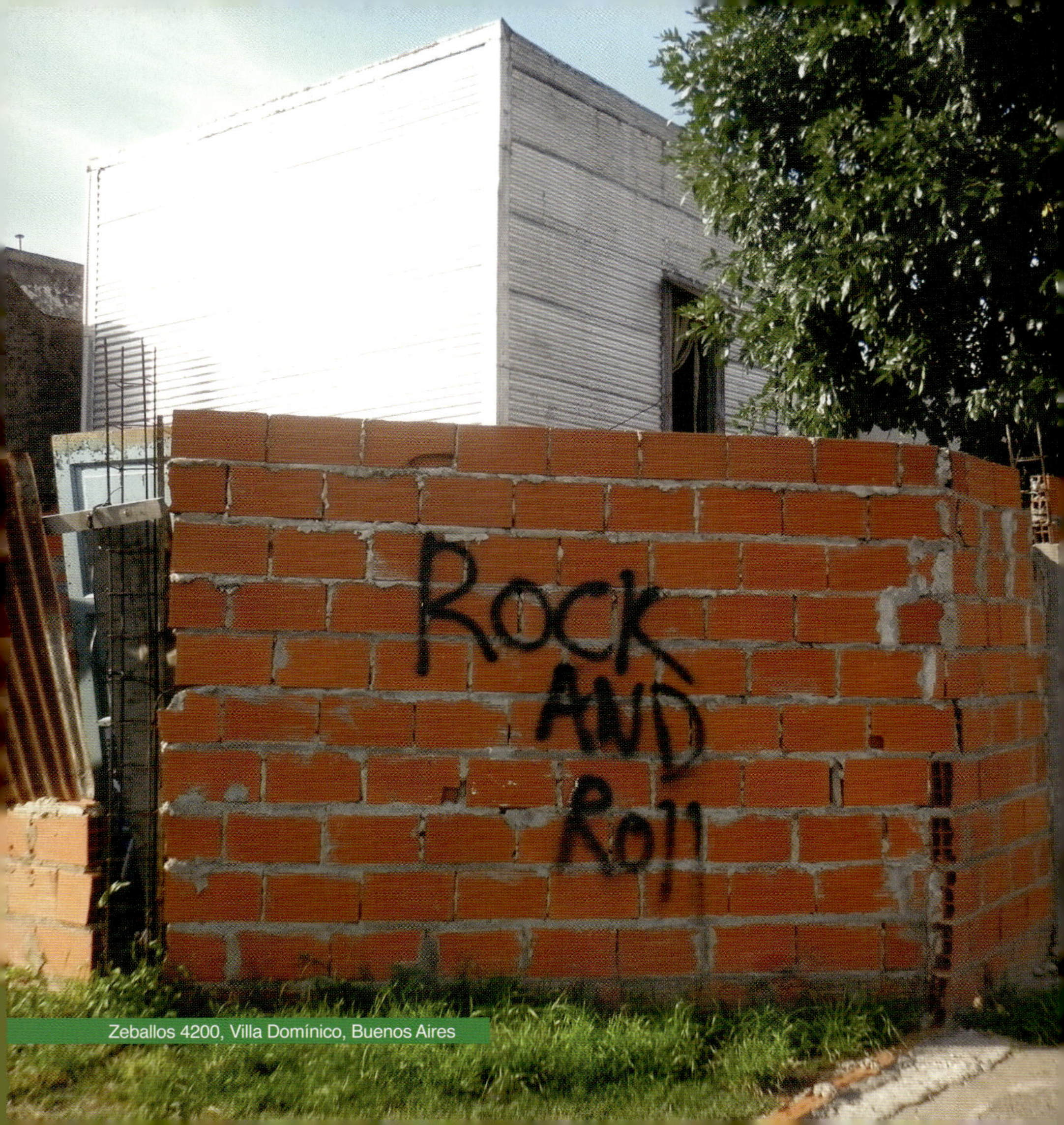

Zeballos 4200, Villa Domínico, Buenos Aires

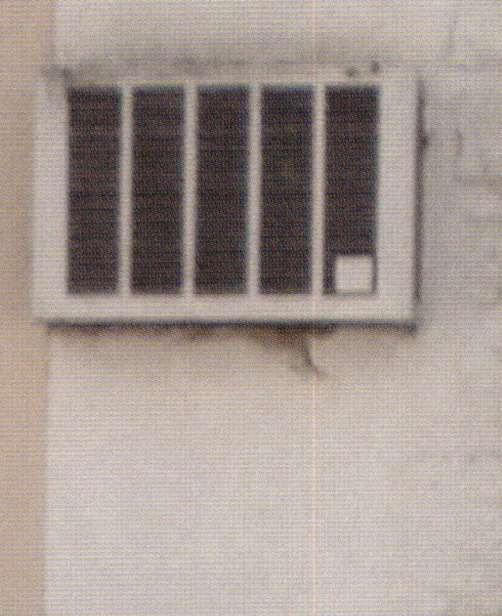

Galarza 235, Concepción del Uruguay, Entre Ríos

Venezuela 2140, San Cristobal, CABA

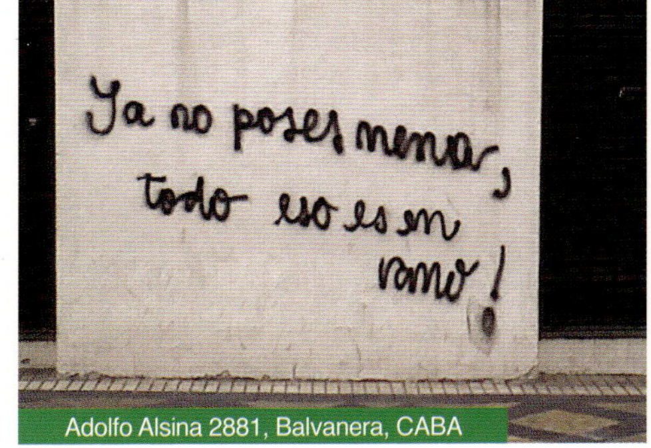

Adolfo Alsina 2881, Balvanera, CABA

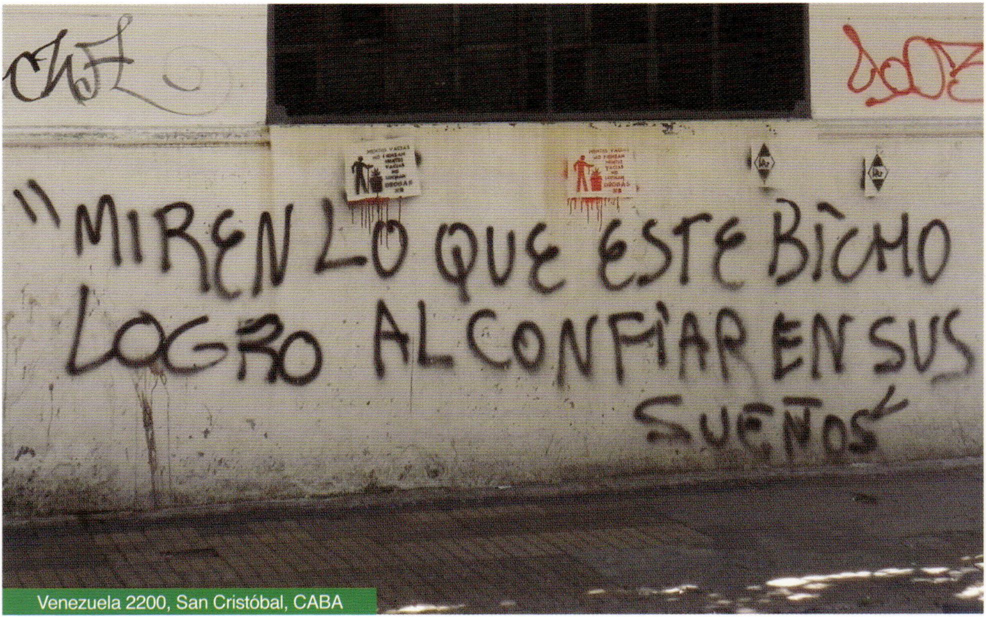

Venezuela 2200, San Cristóbal, CABA

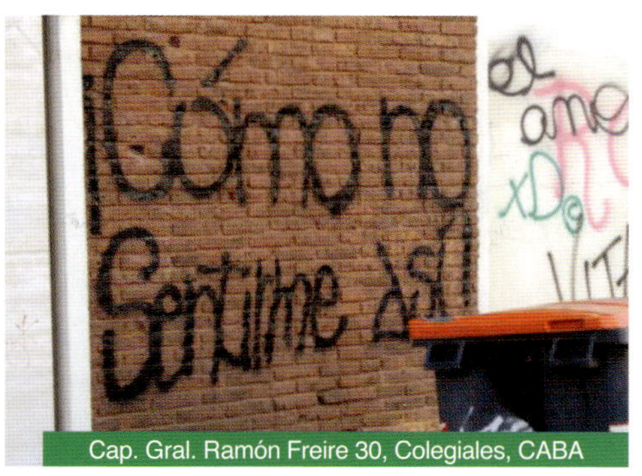

Cap. Gral. Ramón Freire 30, Colegiales, CABA

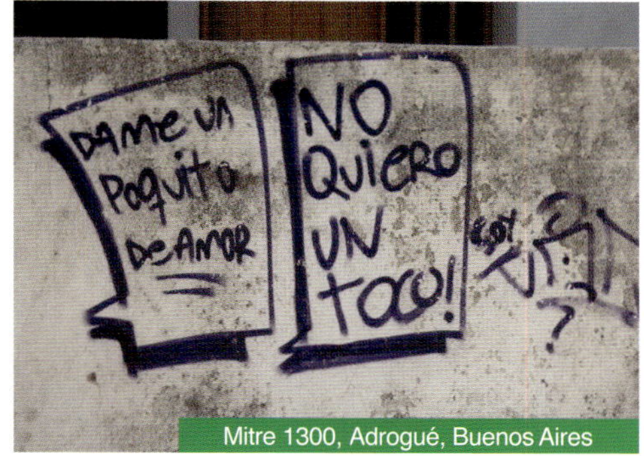

Mitre 1300, Adrogué, Buenos Aires

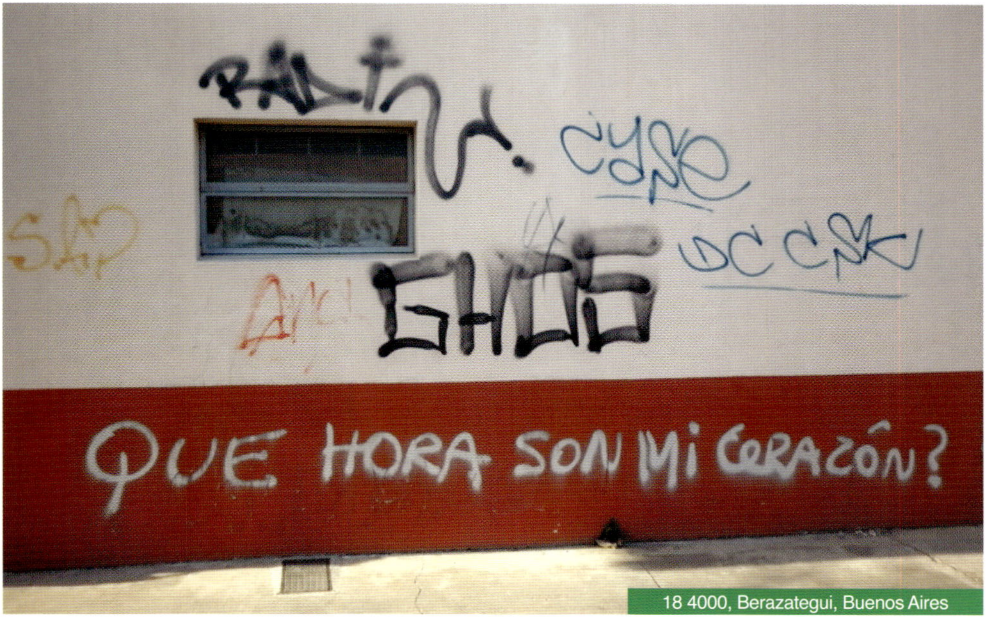

18 4000, Berazategui, Buenos Aires

Buenos Aires 900, Rosario, Santa Fe

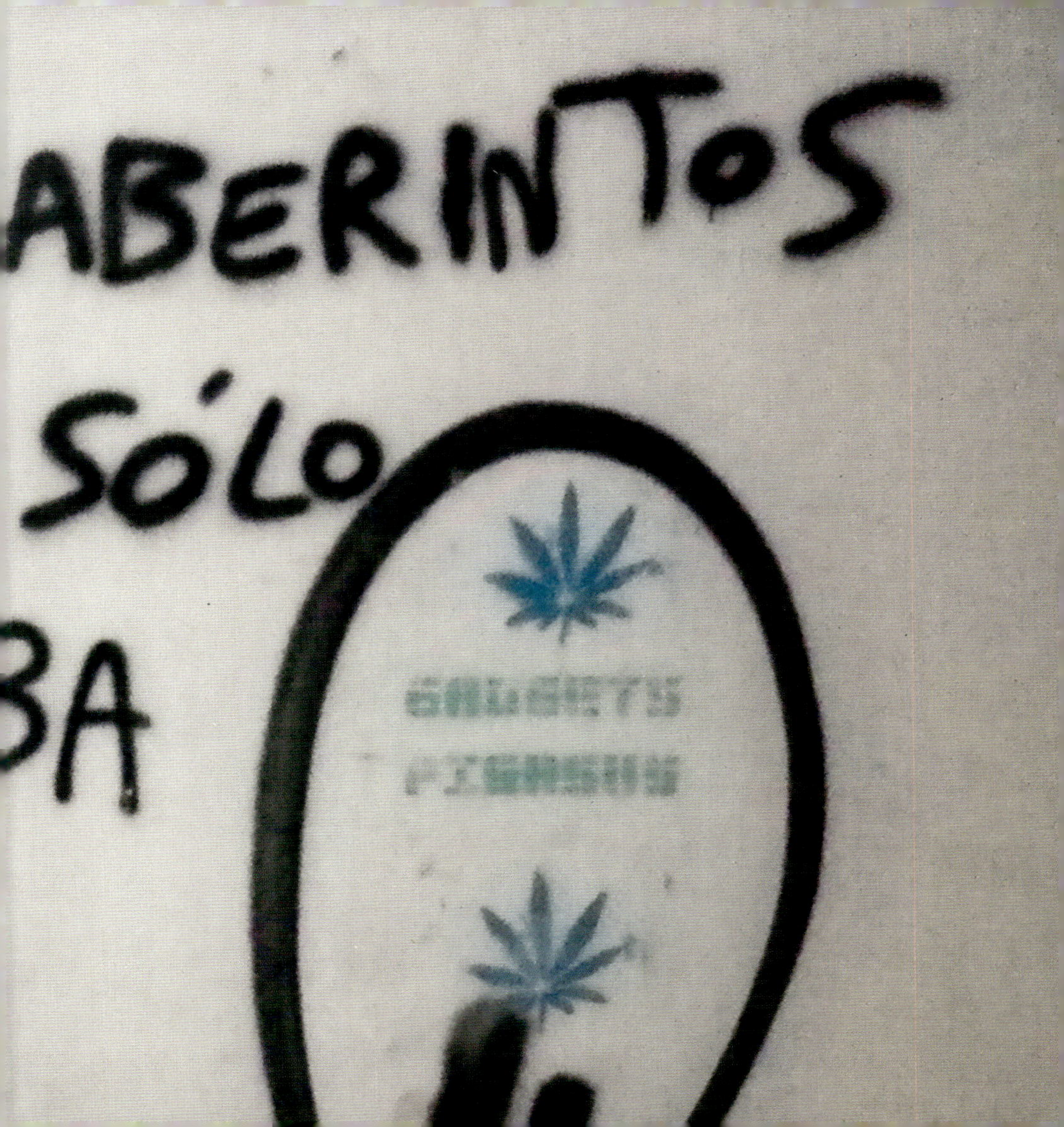

ABERINTOS

SÓLO

BA

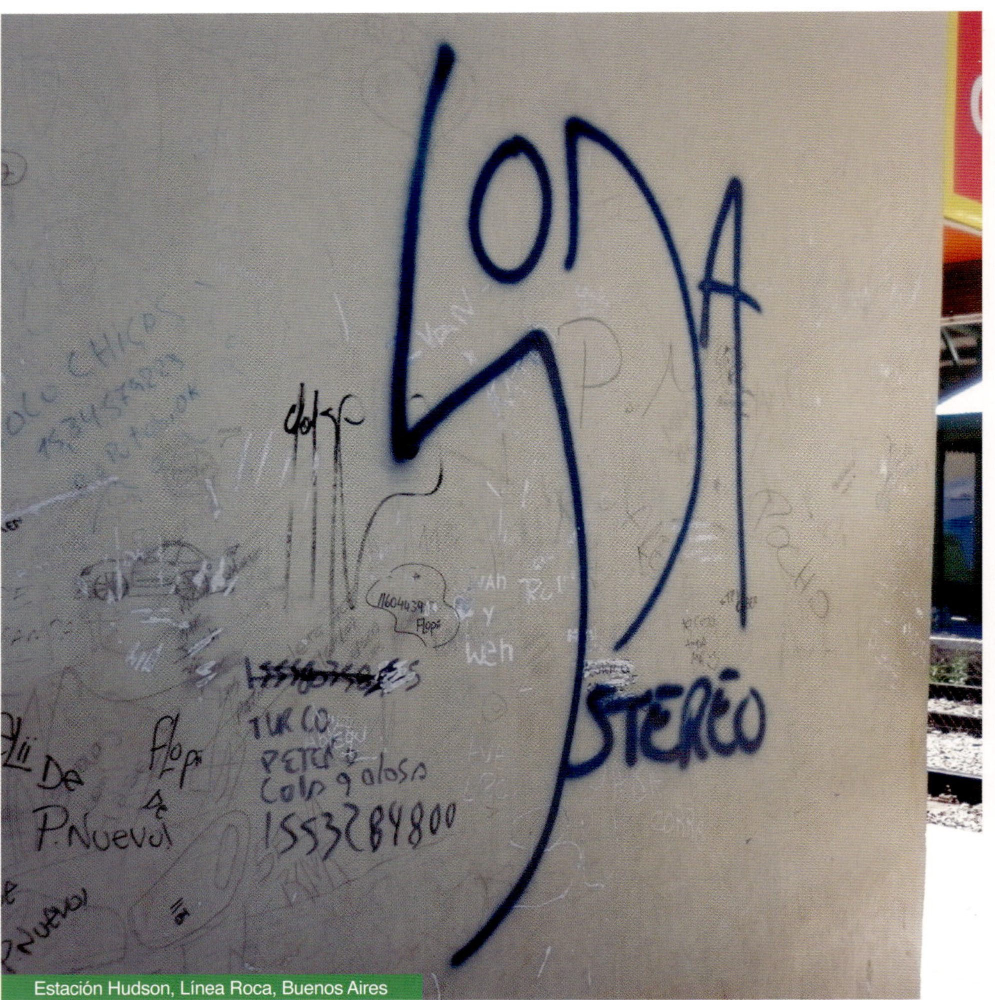

Estación Hudson, Línea Roca, Buenos Aires

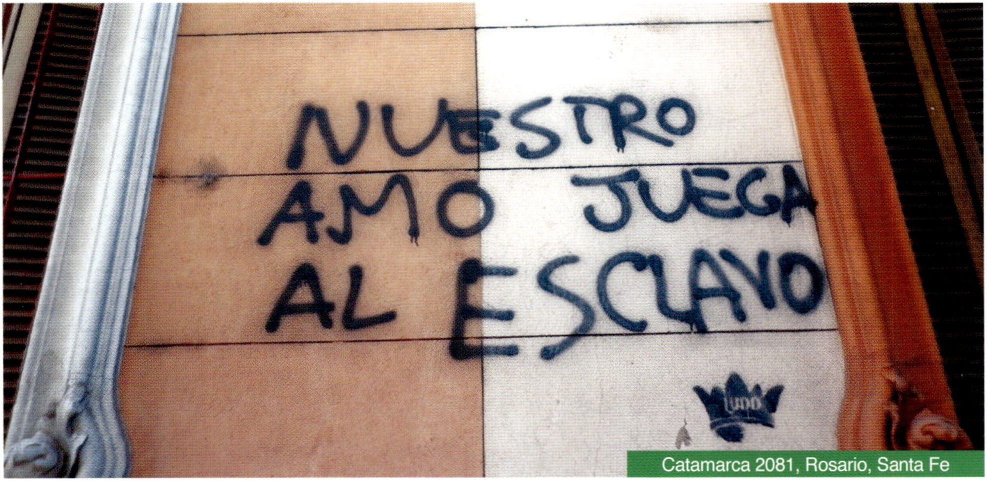

Catamarca 2081, Rosario, Santa Fe

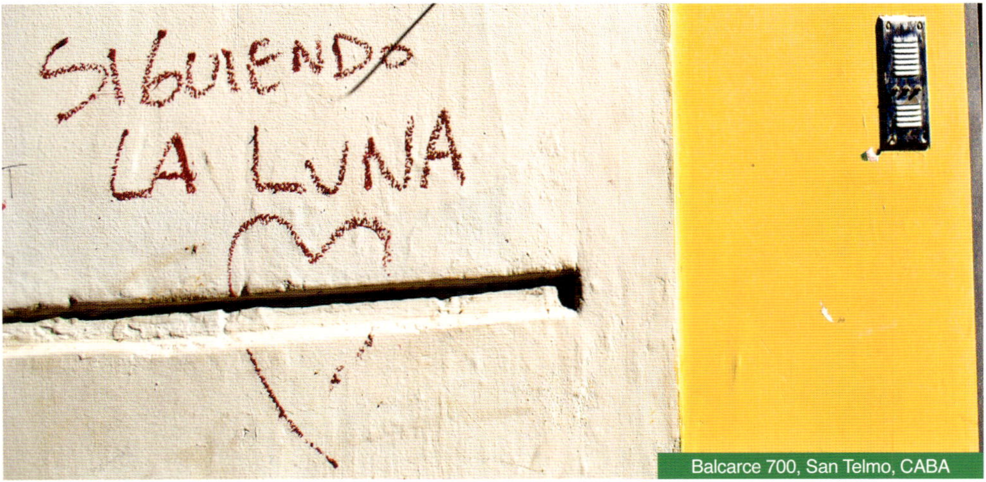

Balcarce 700, San Telmo, CABA

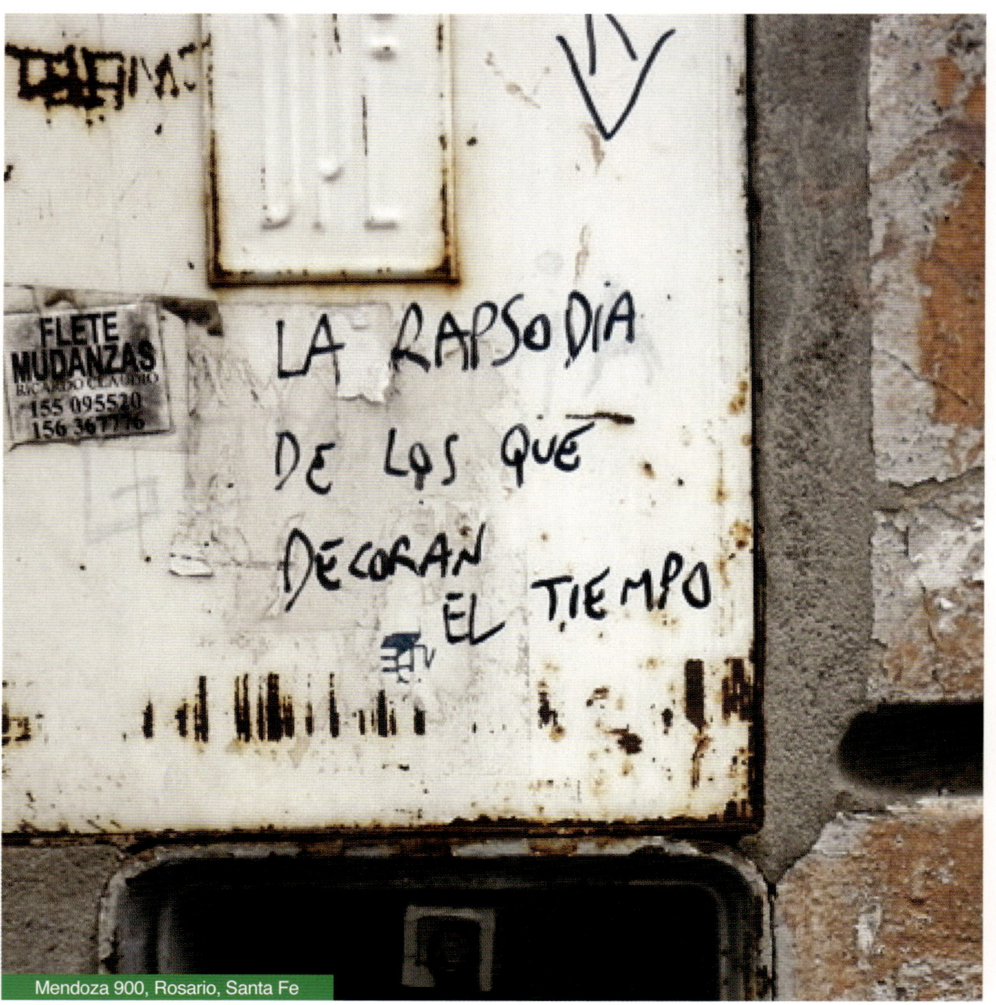

Mendoza 900, Rosario, Santa Fe

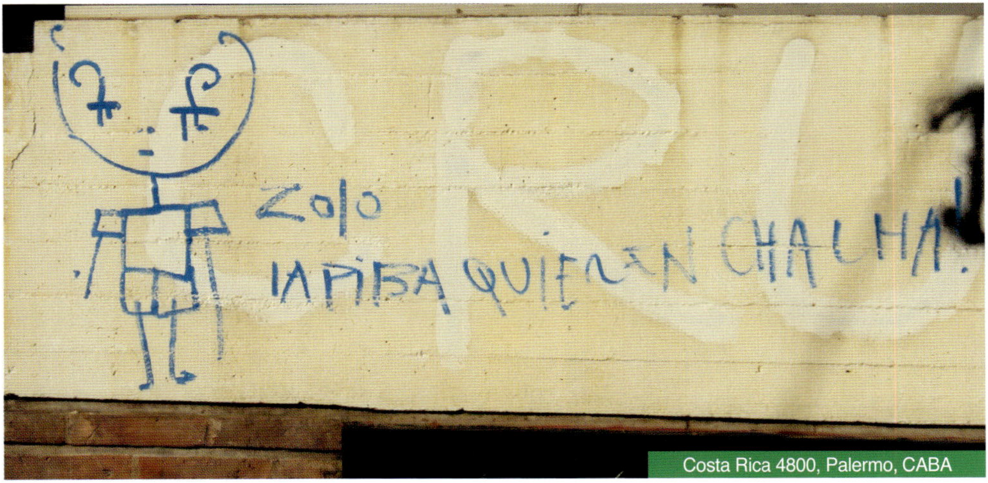

Costa Rica 4800, Palermo, CABA

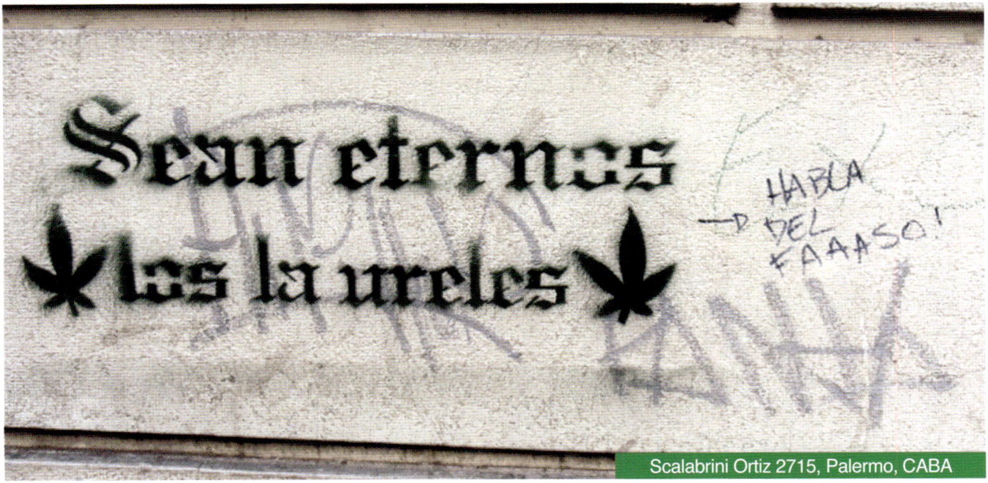

Scalabrini Ortiz 2715, Palermo, CABA

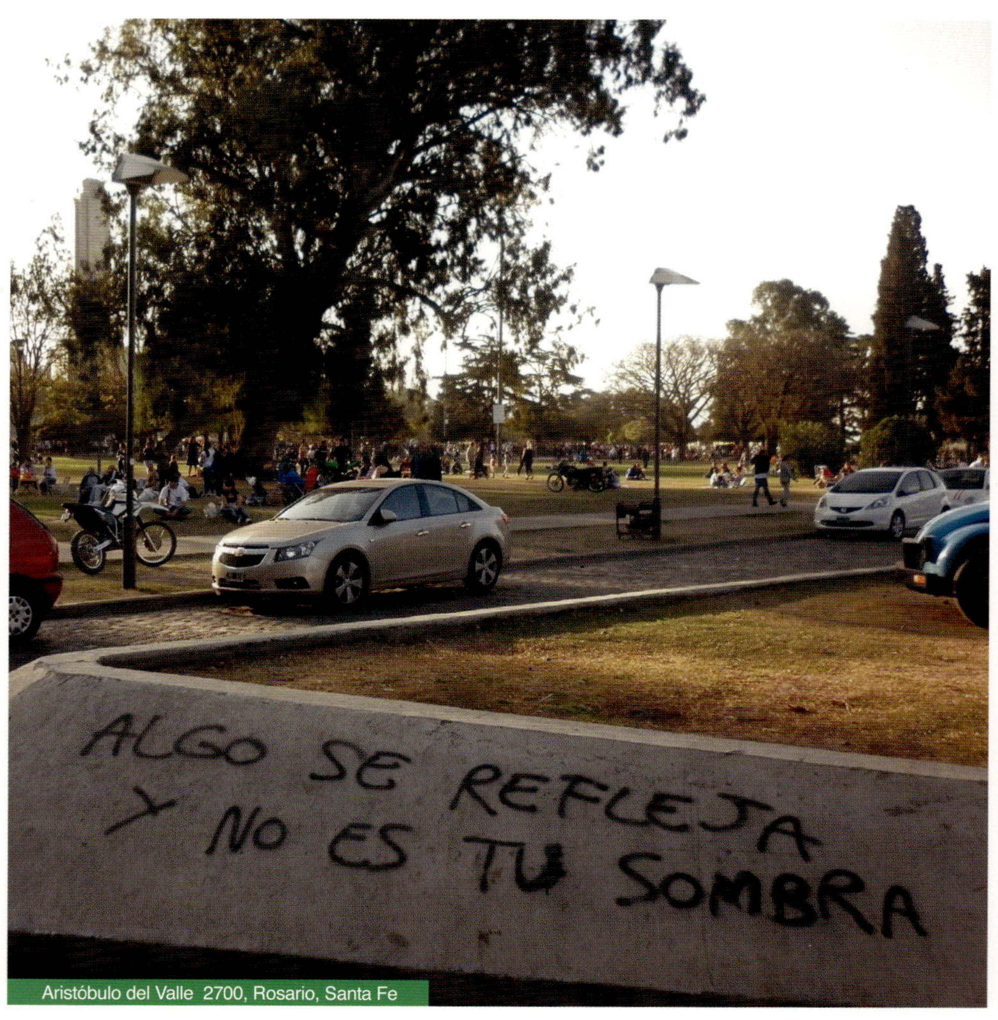

Aristóbulo del Valle 2700, Rosario, Santa Fe

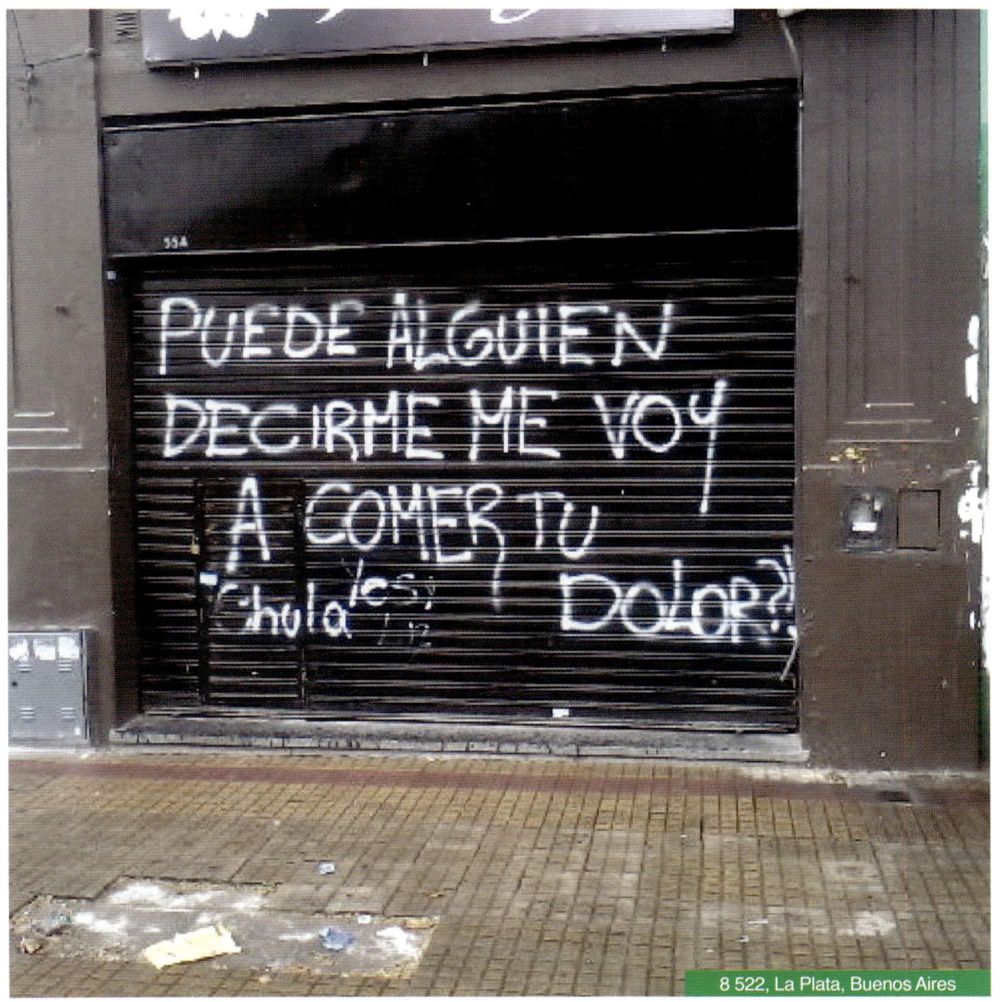

8 522, La Plata, Buenos Aires

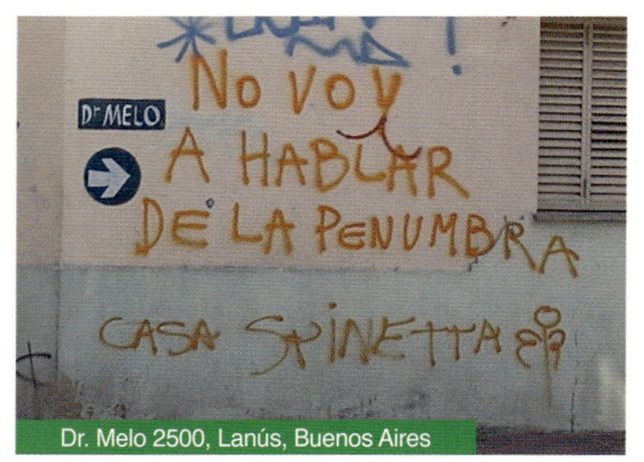

Dr. Melo 2500, Lanús, Buenos Aires

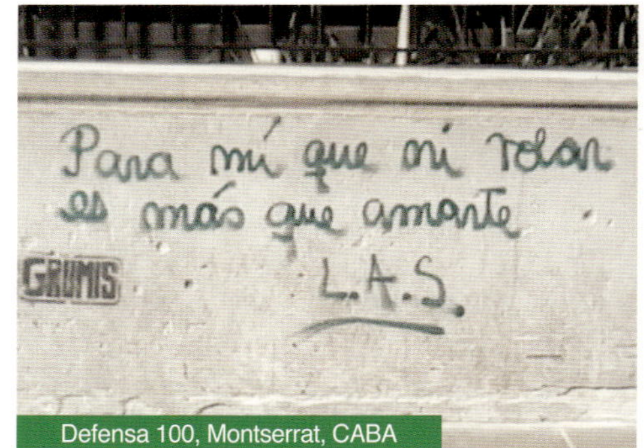

Defensa 100, Montserrat, CABA

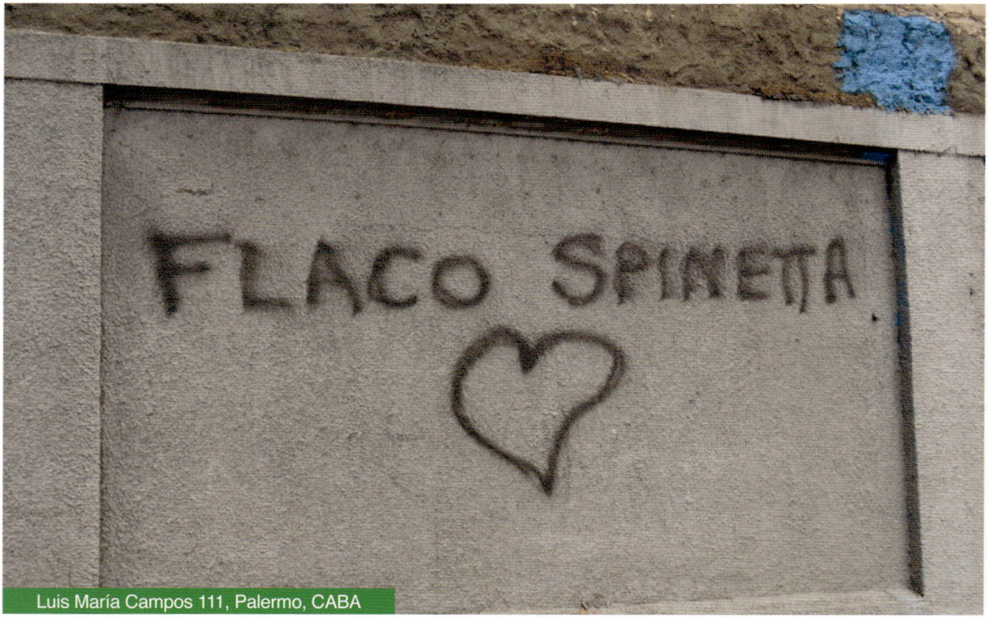

FLACO SPINETTA

Luis María Campos 111, Palermo, CABA

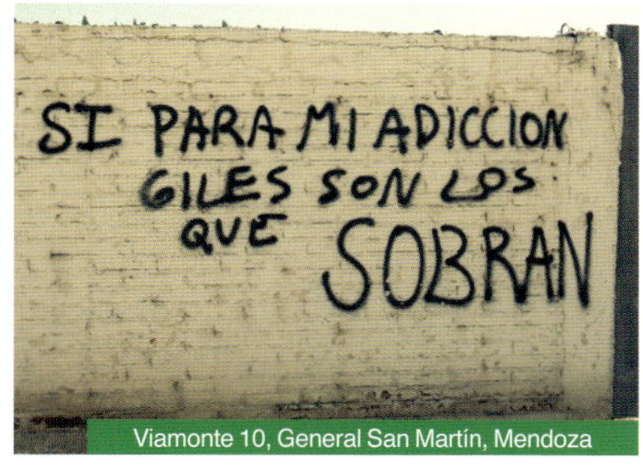

Viamonte 10, General San Martín, Mendoza

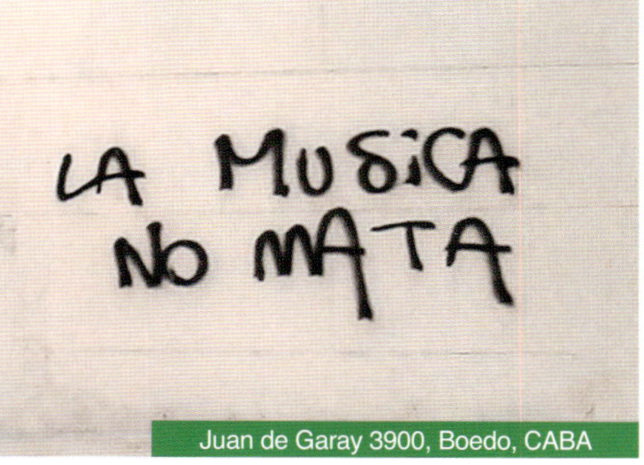

Juan de Garay 3900, Boedo, CABA

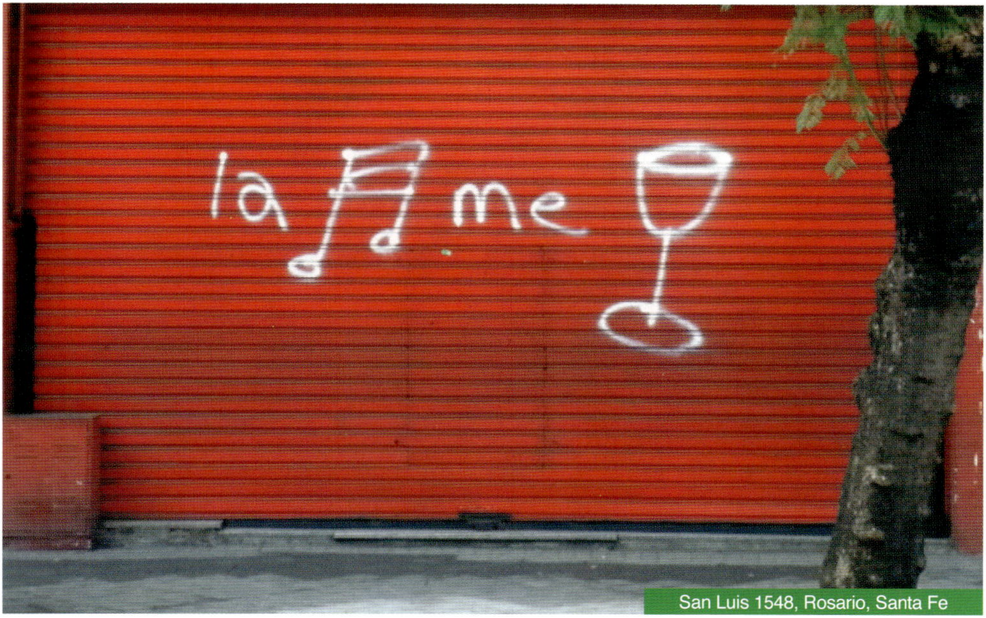

San Luis 1548, Rosario, Santa Fe

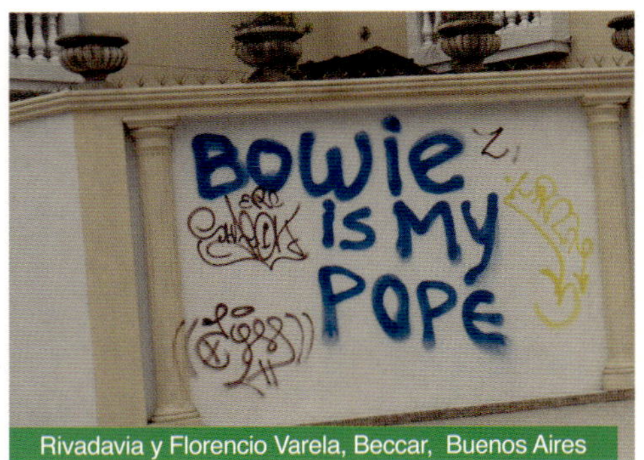

Rivadavia y Florencio Varela, Beccar, Buenos Aires

40 1080, La Loma, La Plata, Buenos Aires

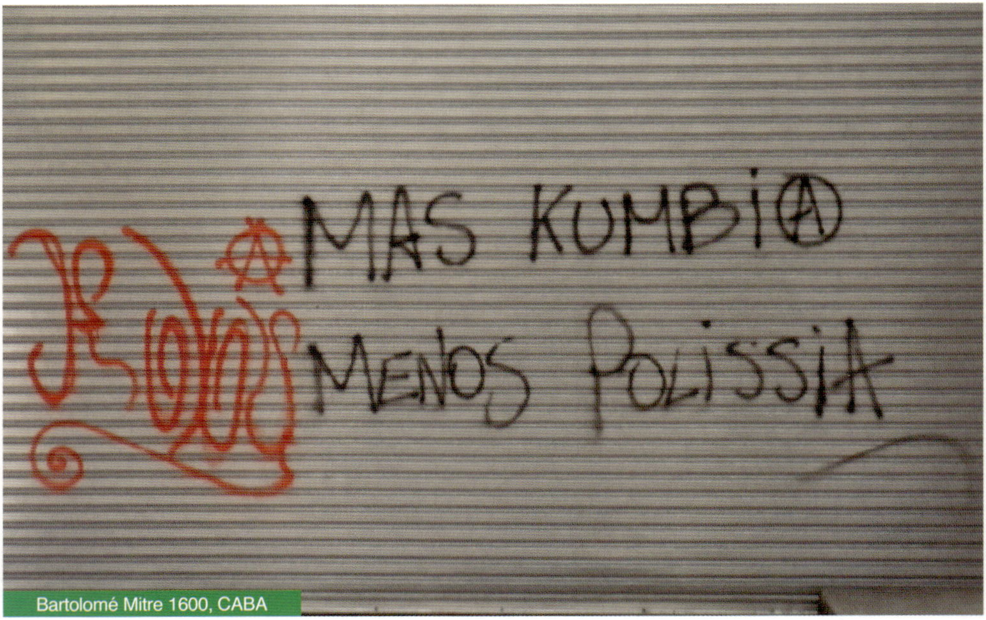

Bartolomé Mitre 1600, CABA

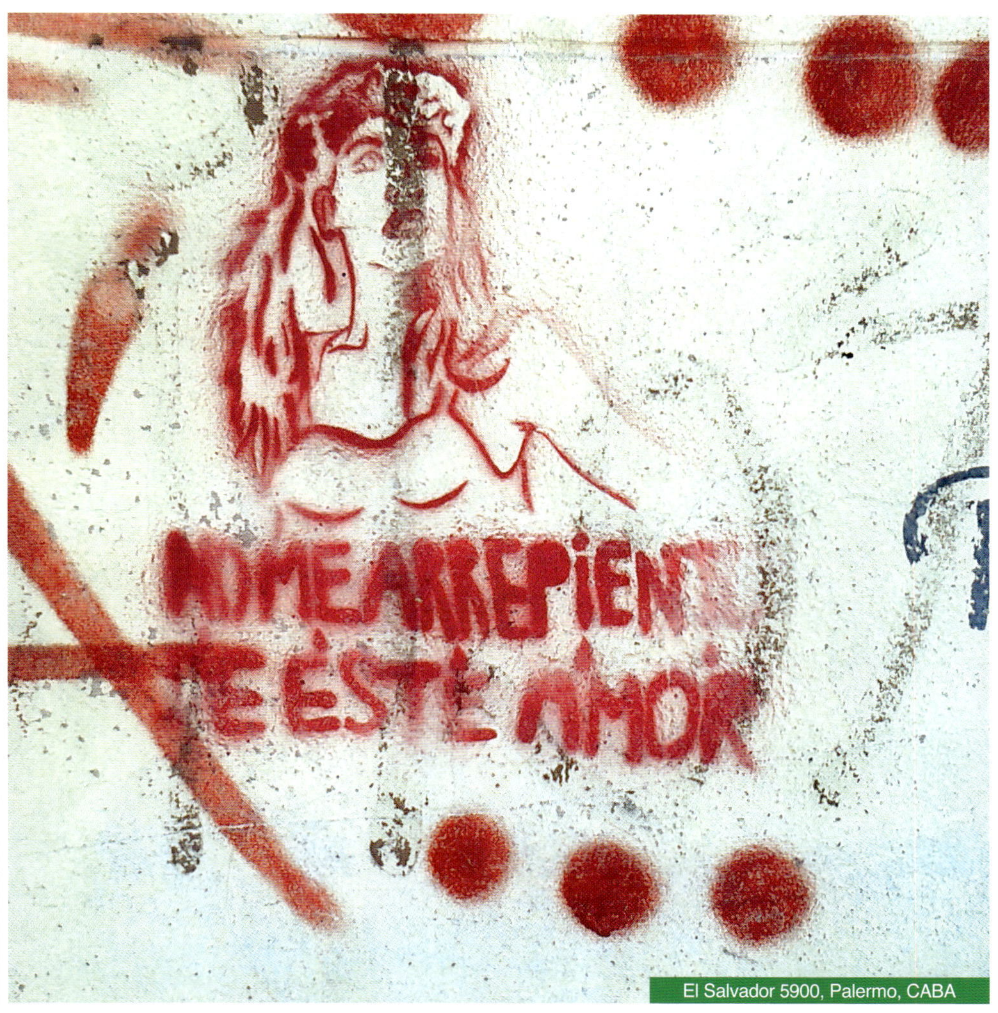

El Salvador 5900, Palermo, CABA

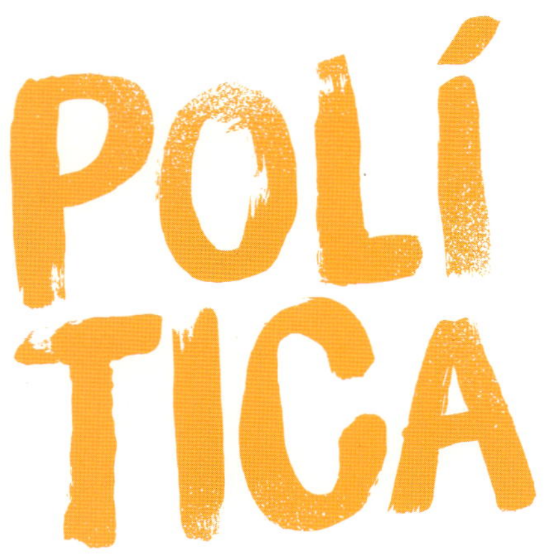

El grafiti político cuenta con una extensa tradición en nuestro país.

A lo largo de la historia argentina, las luchas y tensiones sociales han tenido su correlato en las paredes. El célebre grafiti escrito por Sarmiento en una piedra: "A los hombres se degüella; a las ideas, no"; las pintadas de inmigrantes anarquistas y socialistas, a principios del siglo XX; la visita del mexicano David Siqueiros que difundió los esténciles en los años 30; las consignas obreras y estudiantiles en el Cordobazo; los grafitis a favor de la democracia en los tempranos 80s; marcan algunos hitos en la relación entre grafitis y política.

El hecho de pintar en la calle (sobre todo sin permiso) es una actitud de desafío a la autoridad, de defensa de la expresión libre, una postura acerca del uso del espacio público, y muchas veces una forma económica y popular de difundir ideas que no tienen lugar en los medios masivos. Como dice un grafiti clásico: *La prensa es de ellos, las paredes son nuestras.*

No es extraño que la mayoría de las pintadas corresponda a ideas revolucionarias, aunque ciertos esténciles nacionalistas o ultrareligiosos hagan la excepción. Venga de la mano que venga, rara vez algún grafiti político apoya el *status quo*: nadie escribe a favor del sistema. Sin duda, quienes más pintan, participan en partidos políticos, organizaciones sociales, ambientalistas, anarquistas, colectivos por la equidad de género, etcétera. Muchas veces, en simultáneo con la agenda política y el debate parlamentario, los grafitis manifiestan posturas y propuestas sobre los temas candentes: ley de medios, matrimonio igualitario, legalización del aborto, o del consumo de drogas, entre otros.

En las paredes se pueden rastrear citas, consignas y esténciles de figuras históricas como San Martín, Sarmiento, Juan Domingo

Perón, El Che Guevara, y más. Y por supuesto los políticos contemporáneos tienen su lugar en las pintadas, a menudo en compañía de insultos, acusaciones o dardos irónicos.

La mayoría de los grafitis que compilamos son de los últimos quince años. Quedan algunos de diciembre de 2001, se leen palabras que surgieron en esa época como "cacerolazo" o "cartoneros", y frases que fueron consigna popular: *Que se vayan todos.*

Dentro de las pintadas partidarias, los militantes del kirchnerismo entendieron que los grafitis son un canal de difusión tan potente como los medios y las redes sociales. No se trata de la típicas pintadas proselitistas con apellidos de candidatos y eslóganes sobre un blanqueado de cal, sino de escritos con aerosol a mano alzada. A las frases con consignas, escritas al compás de la agenda política, sumaron luego los esténciles con los dibujos del pingüino y El Eternauta de Oesterheld con la cara de Néstor Kirchner, entre otros diseños.

La represión también es tema de muchos grafitis políticos. Algunos refieren a la última dictadura, como la serie de esténciles del *Nunca más*, que reproducen la tipografía de la tapa del libro. Otros son pedidos de justicia o reivindicaciones de militantes asesinados o desaparecidos en democracia, como Kostecki y Santillán, Julio López, Mariano Ferreyra, por nombrar algunos. De las fuerzas represivas, la policía es, por lejos, la institución que recibe mayor cantidad de pintadas en contra. Los grafitis anti-policía incluyen distintos nombres en lunfardo (ratis, yuta, botón...) y calificativos como *asesina* o *coimera*.

En épocas de elecciones se da un fenómeno particular. Las intervenciones sobre afiches y pintadas de candidatos cuestionan o ponen en ridículo los eslóganes de campaña: se pintan narices de payaso, bigotes, se tachan, cambian o agregan palabras. Además, se despliega todo un arsenal de frases anarquistas que señalan la desconfianza en el voto, en el hecho de "elegir" y en la democracia representativa.

Votar no cambia nada, pintar paredes tampoco.

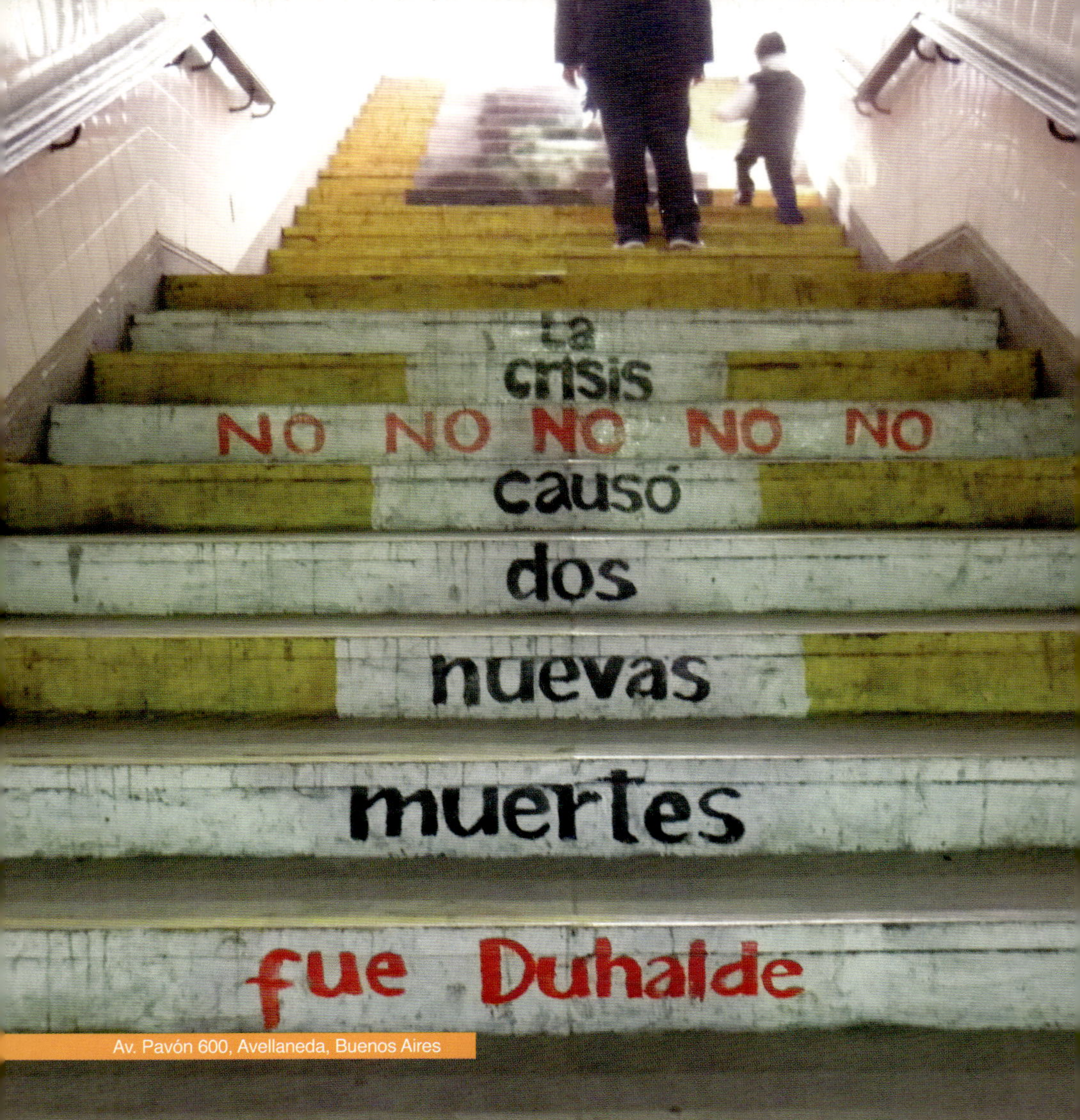

Av. Pavón 600, Avellaneda, Buenos Aires

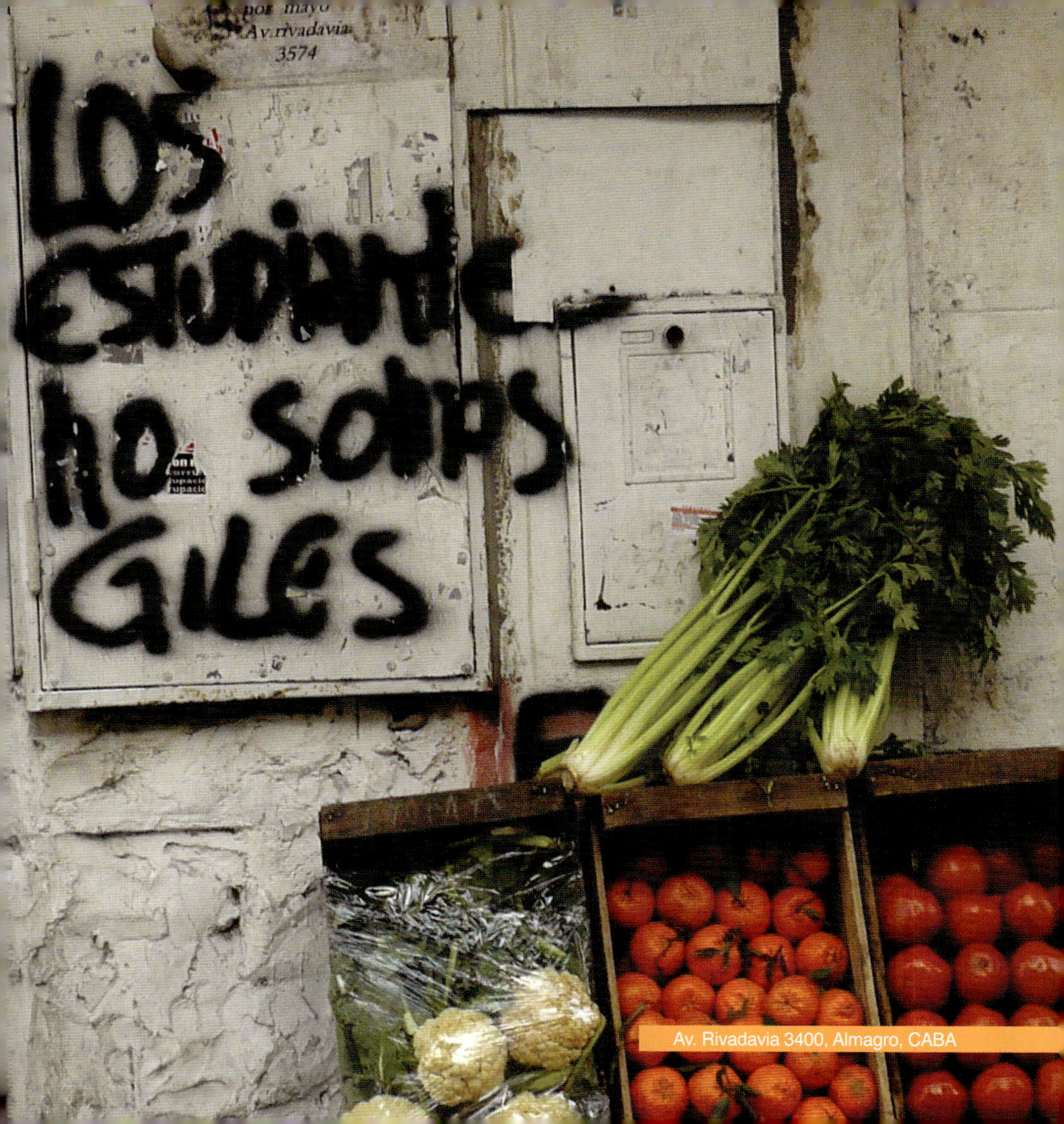

Av. Rivadavia 3400, Almagro, CABA

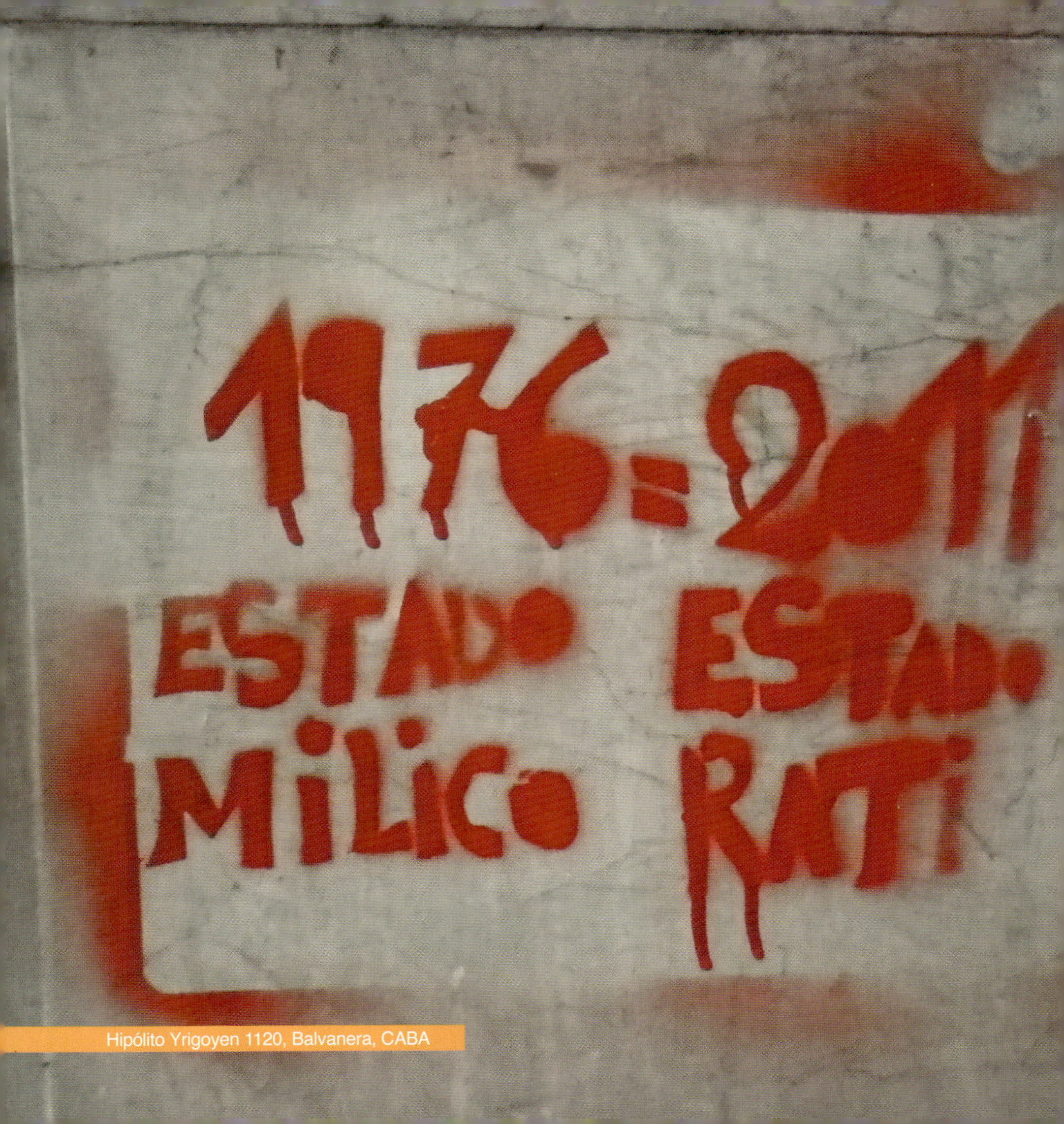

Hipólito Yrigoyen 1120, Balvanera, CABA

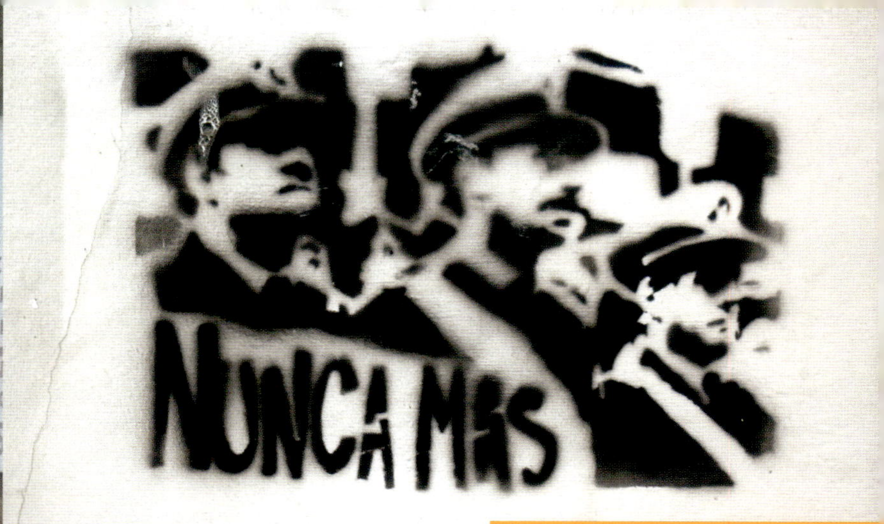

Dorrego 600, Rosario, Santa Fe

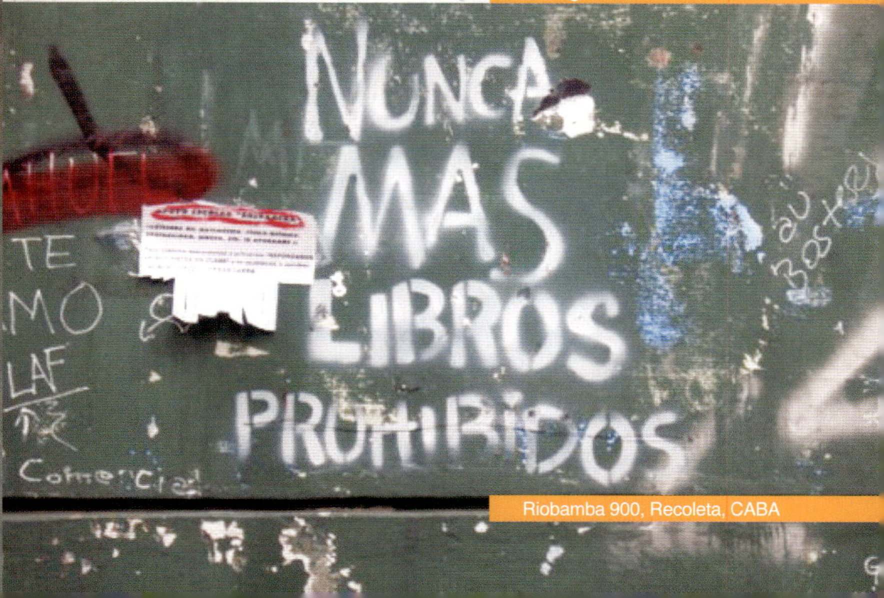

Riobamba 900, Recoleta, CABA

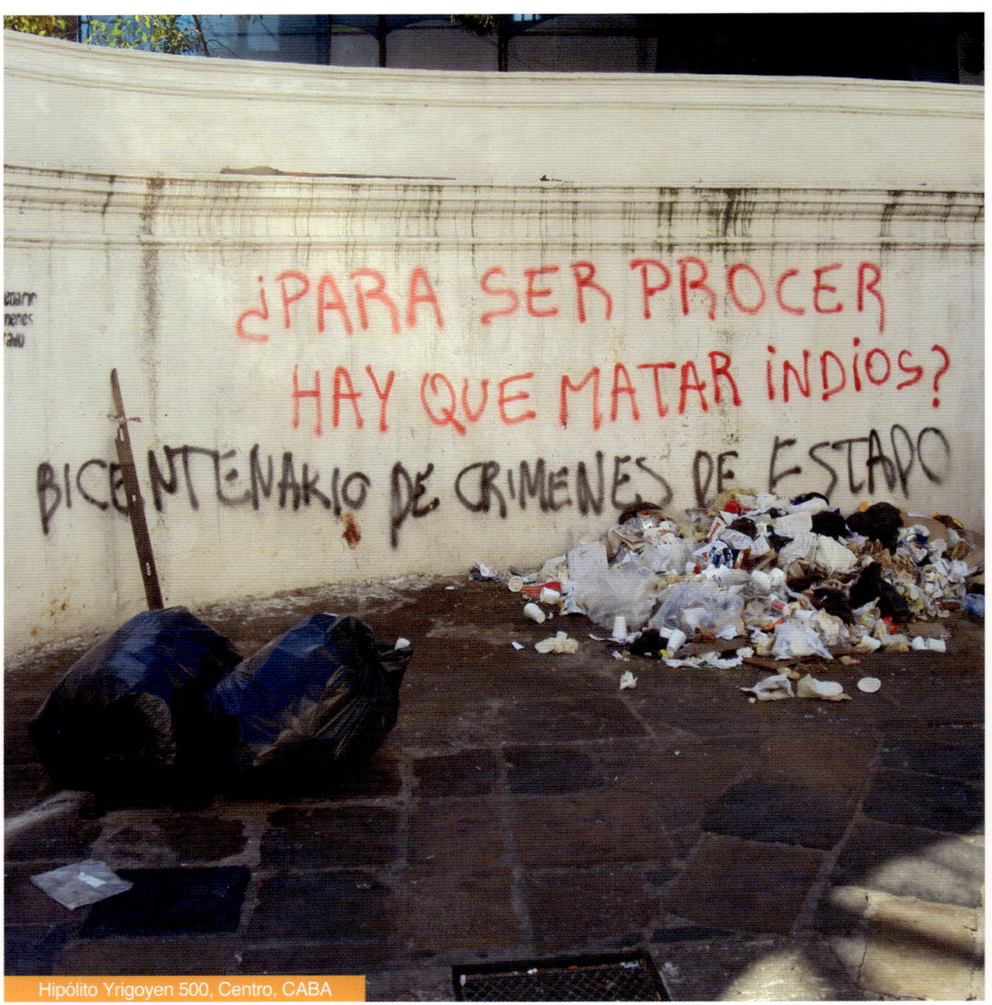

Hipólito Yrigoyen 500, Centro, CABA

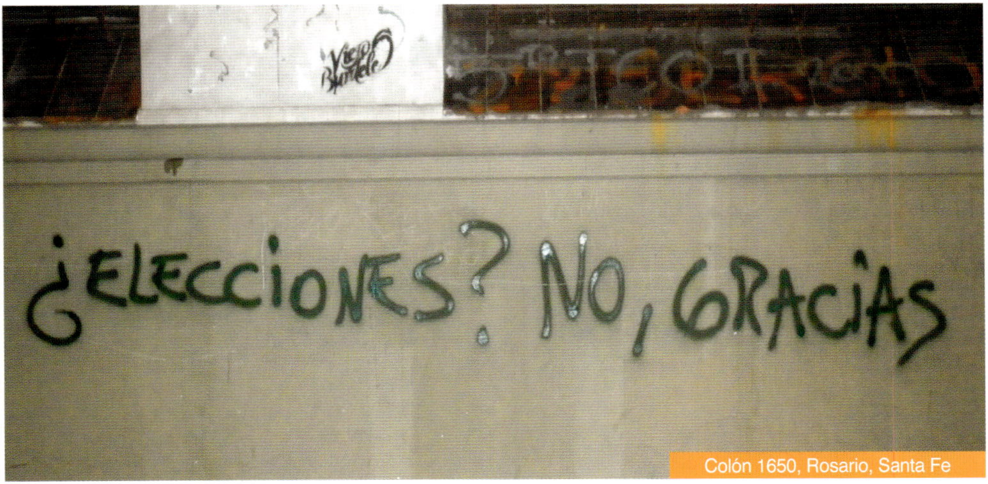

Colón 1650, Rosario, Santa Fe

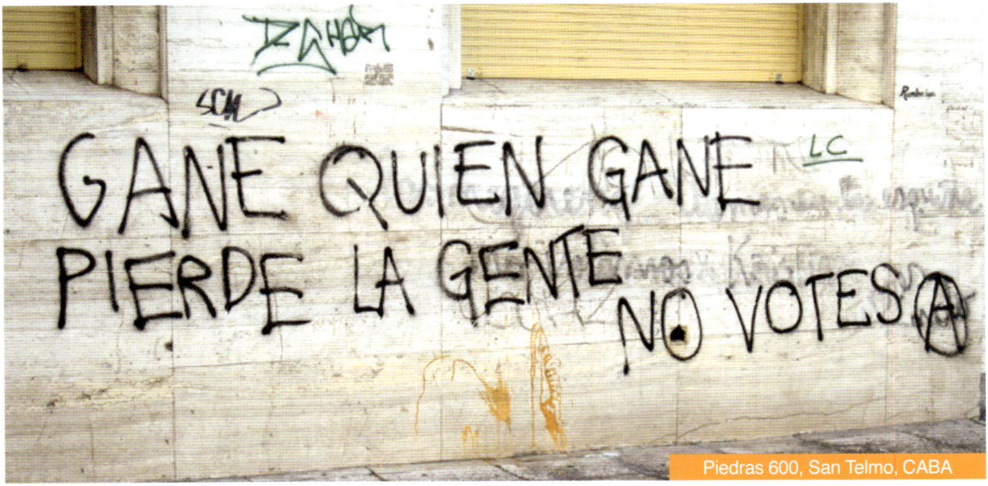

Piedras 600, San Telmo, CABA

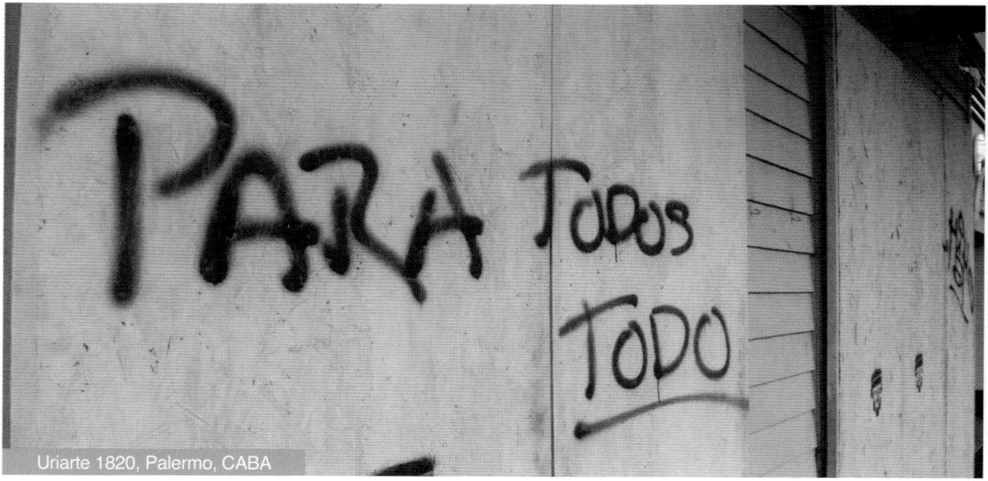

Uriarte 1820, Palermo, CABA

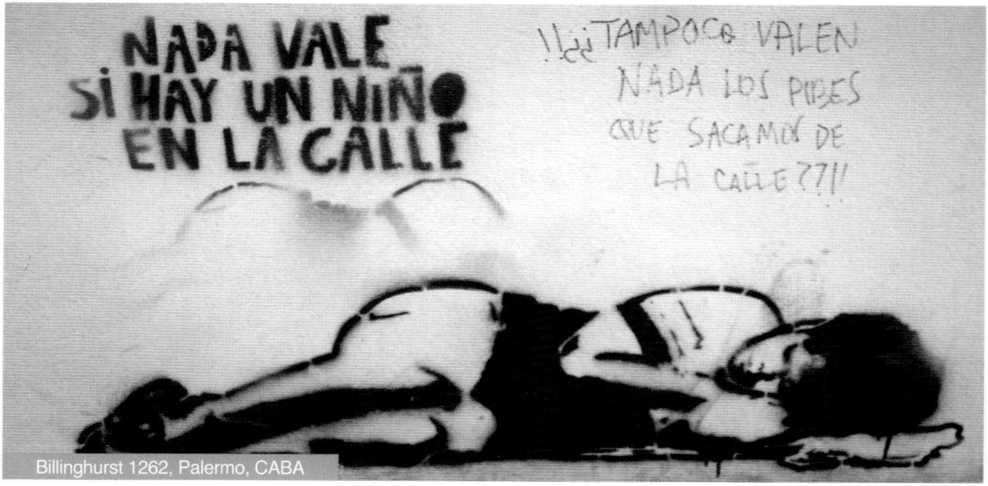

Billinghurst 1262, Palermo, CABA

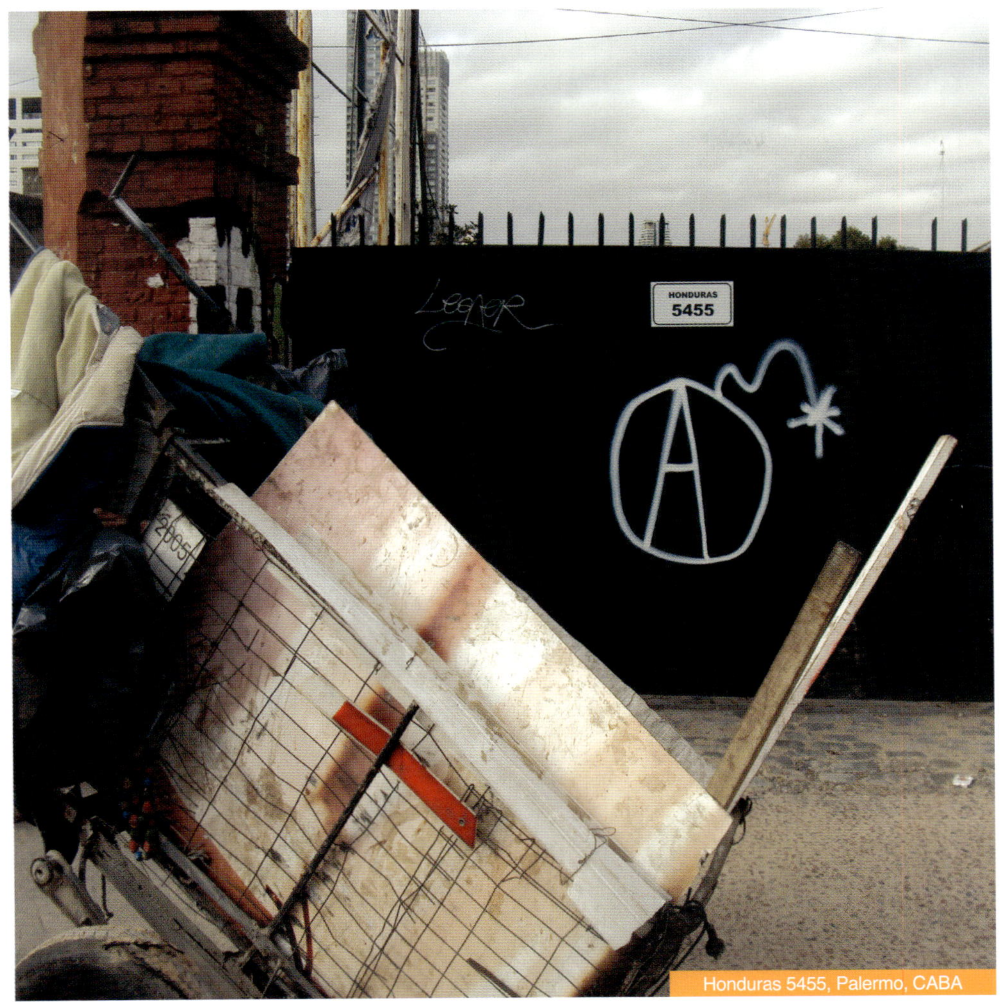

Honduras 5455, Palermo, CABA

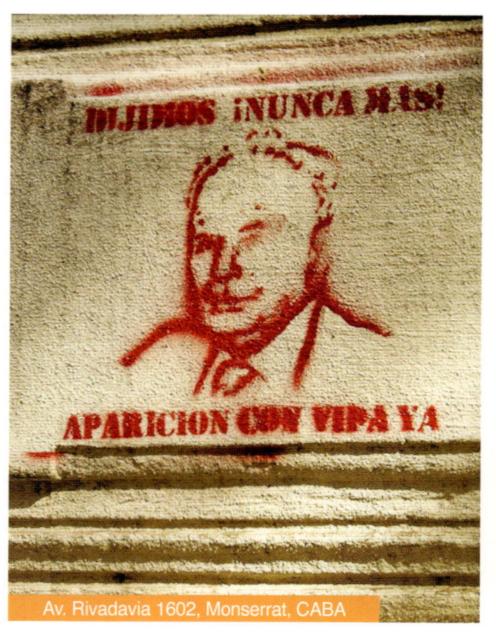

Av. Rivadavia 1602, Monserrat, CABA

Lisandro de la Torre 1600, Berazategui, Buenos Aires

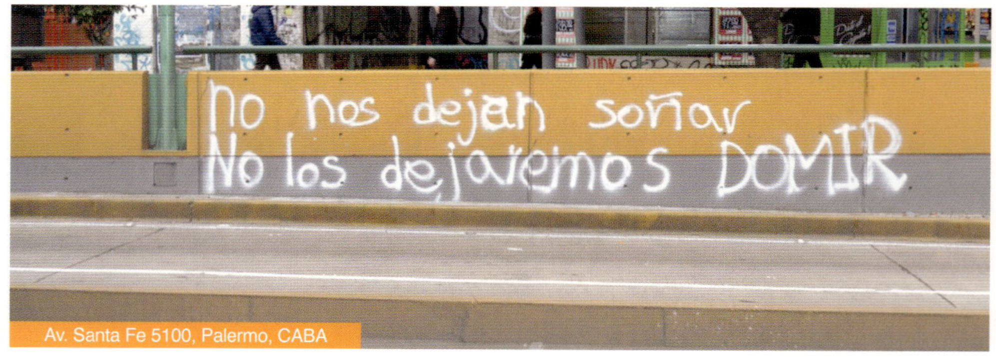

Av. Santa Fe 5100, Palermo, CABA

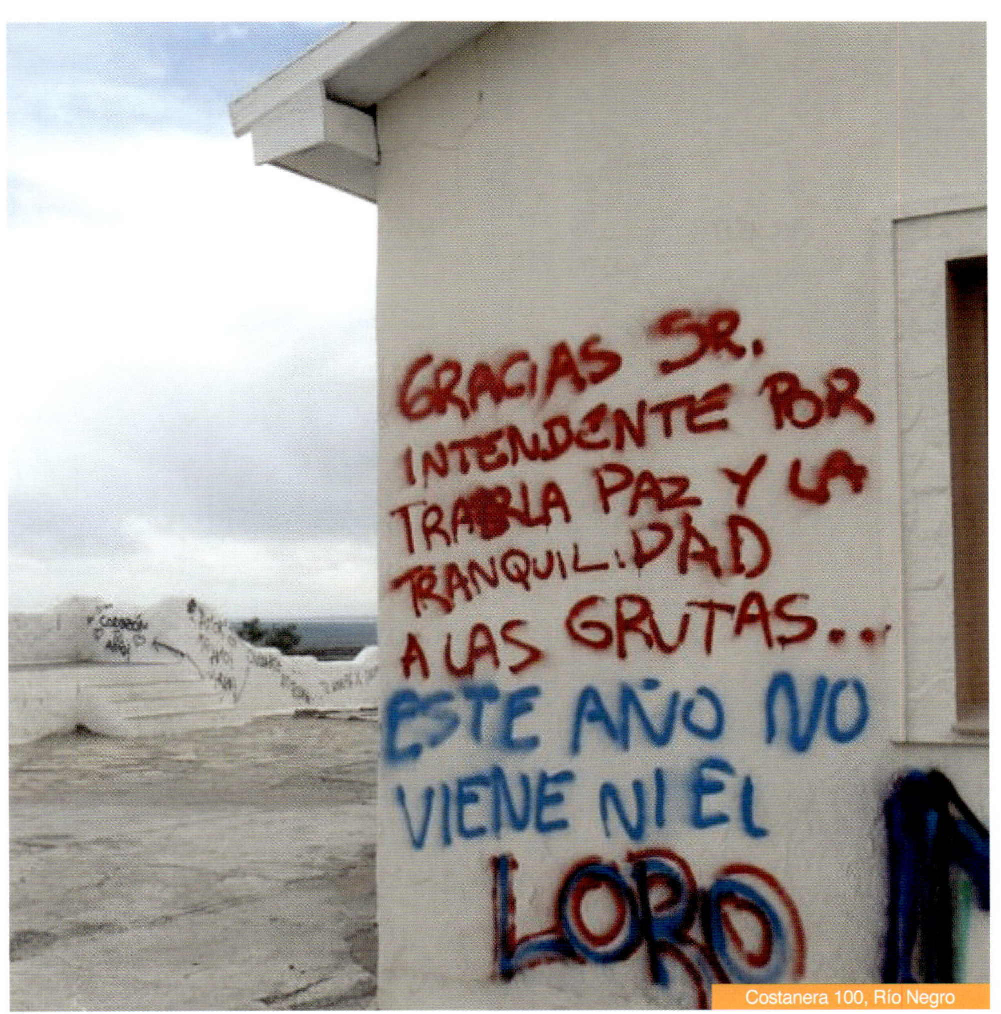

Costanera 100, Río Negro

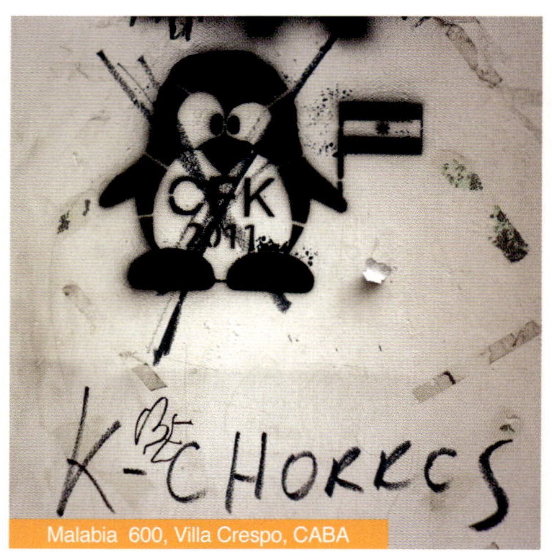

Malabia 600, Villa Crespo, CABA

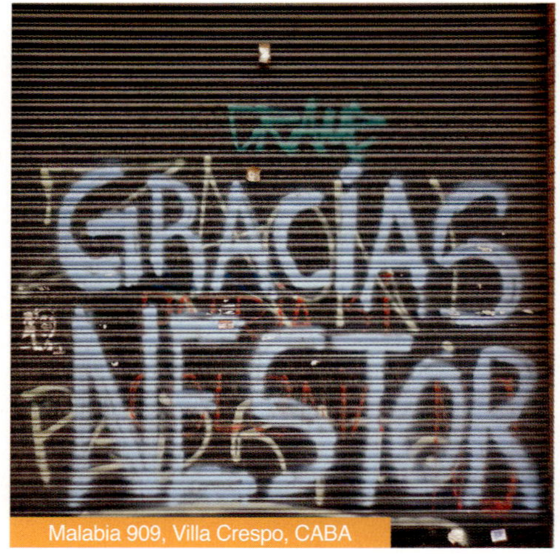

Malabia 909, Villa Crespo, CABA

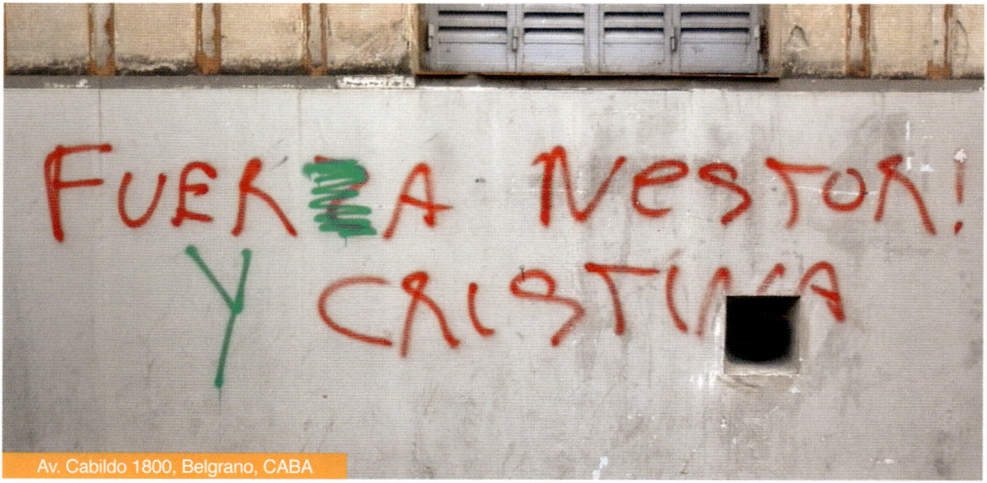

Av. Cabildo 1800, Belgrano, CABA

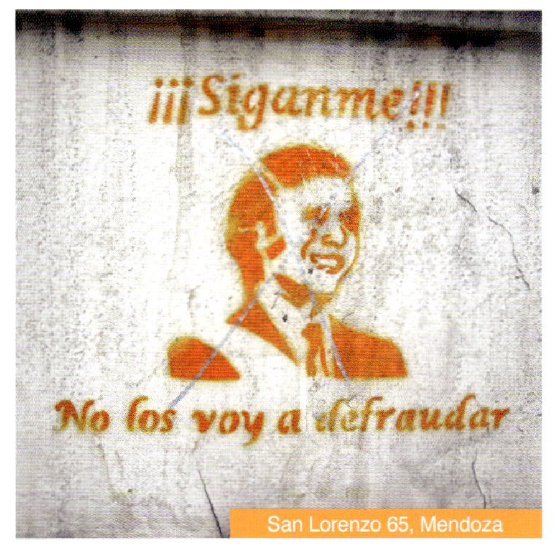

San Lorenzo 65, Mendoza

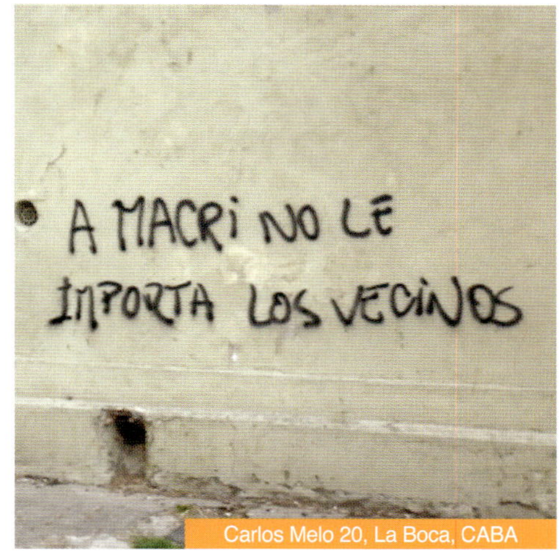

Carlos Melo 20, La Boca, CABA

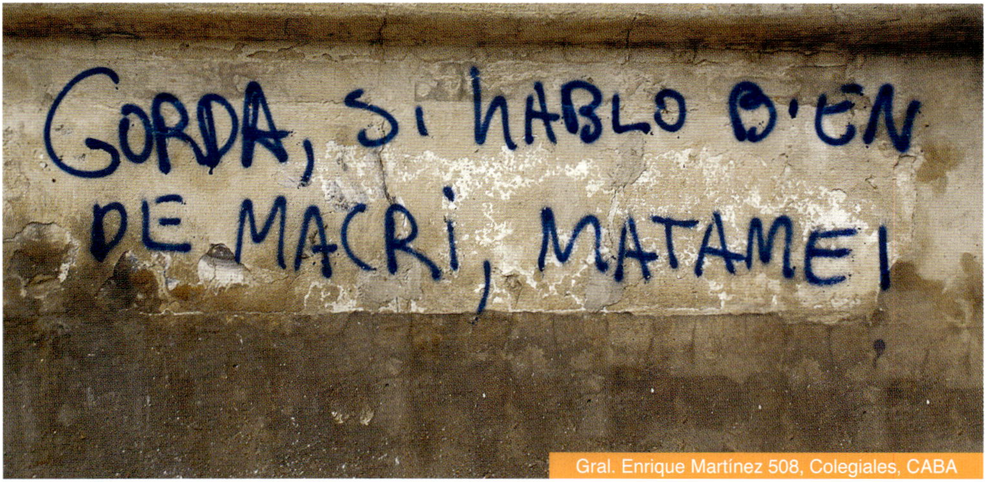

GORDA, SI HABLO BIEN
DE MACRI, MATAME!

Gral. Enrique Martínez 508, Colegiales, CABA

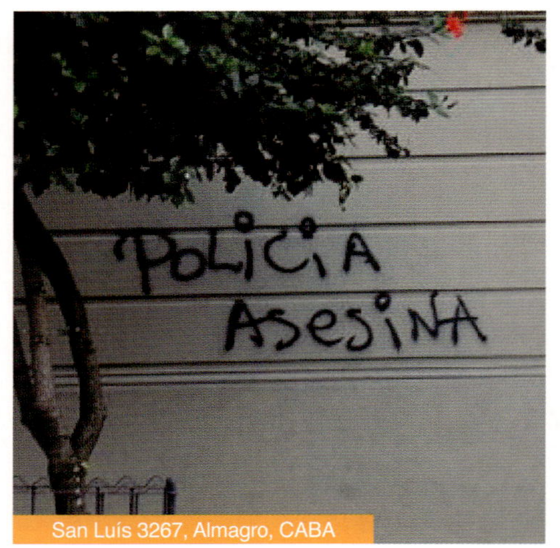

San Luís 3267, Almagro, CABA

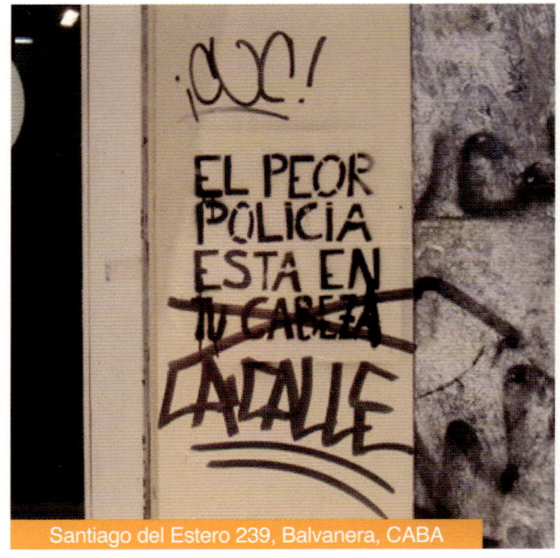

Santiago del Estero 239, Balvanera, CABA

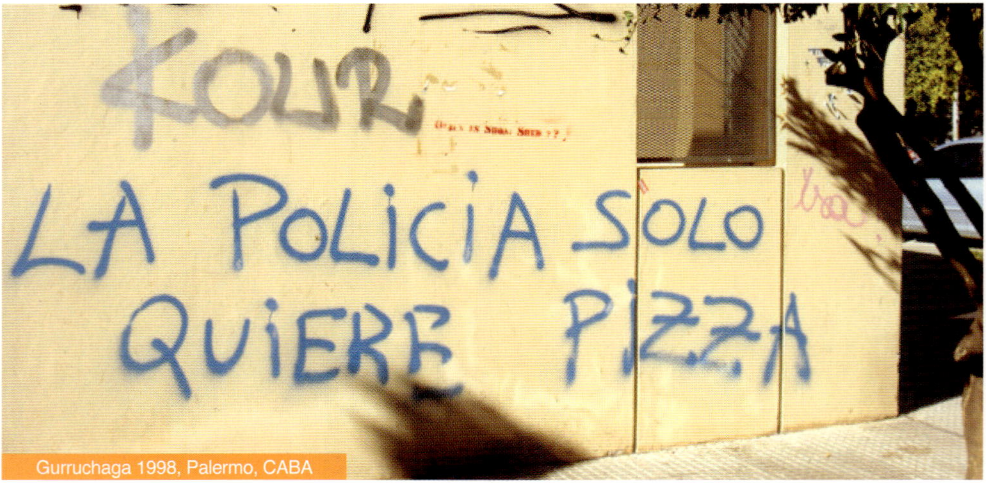

Gurruchaga 1998, Palermo, CABA

ABORTO LEGAL
PARA NO MORIR,
BASTA DE CLANDESTINIDAD.

Av. Independencia 1000, Constitución, CABA

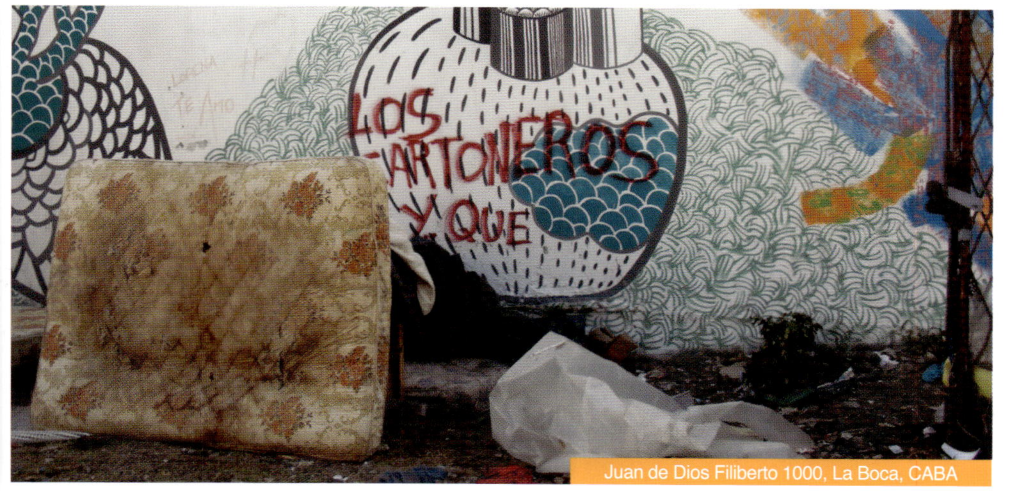

Juan de Dios Filiberto 1000, La Boca, CABA

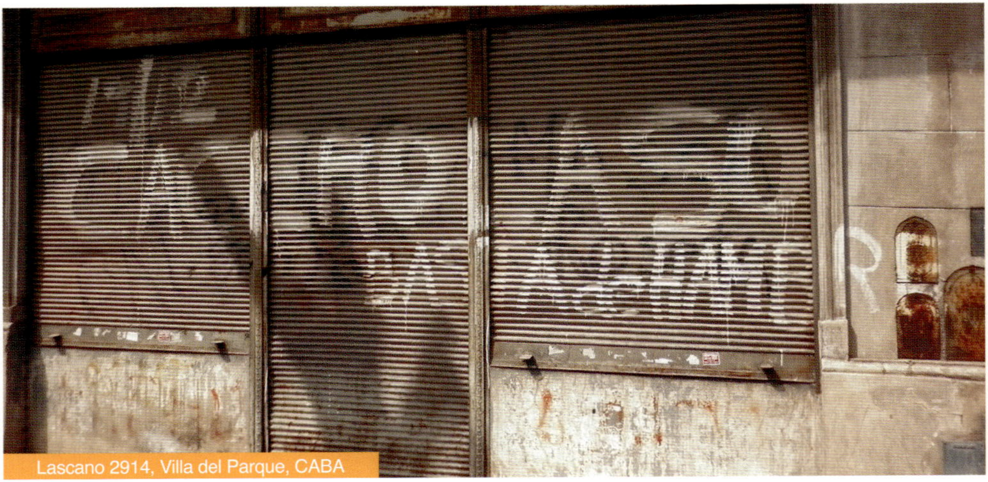

Lascano 2914, Villa del Parque, CABA

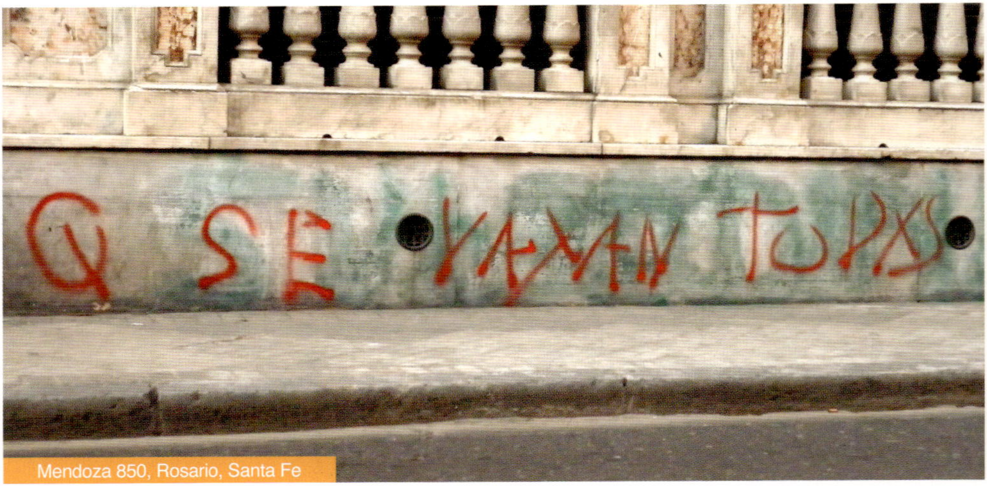

Mendoza 850, Rosario, Santa Fe

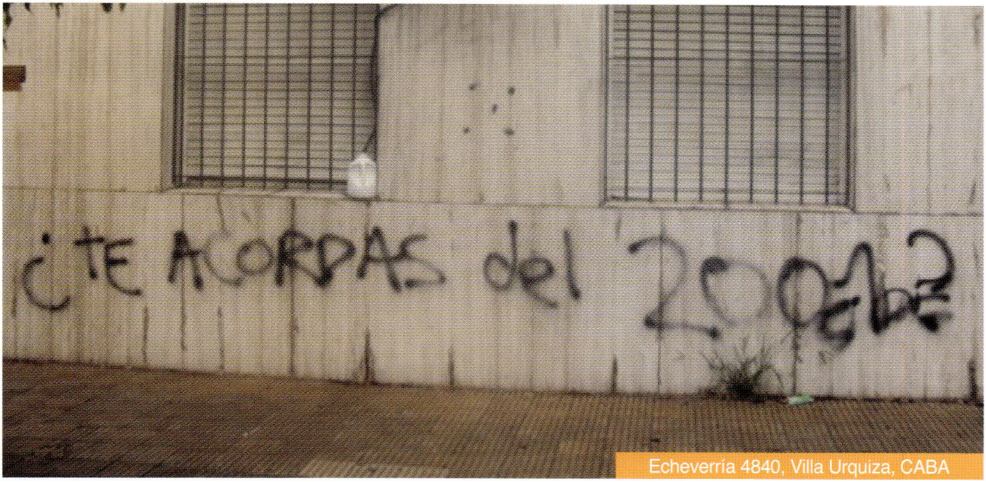

Echeverría 4840, Villa Urquiza, CABA

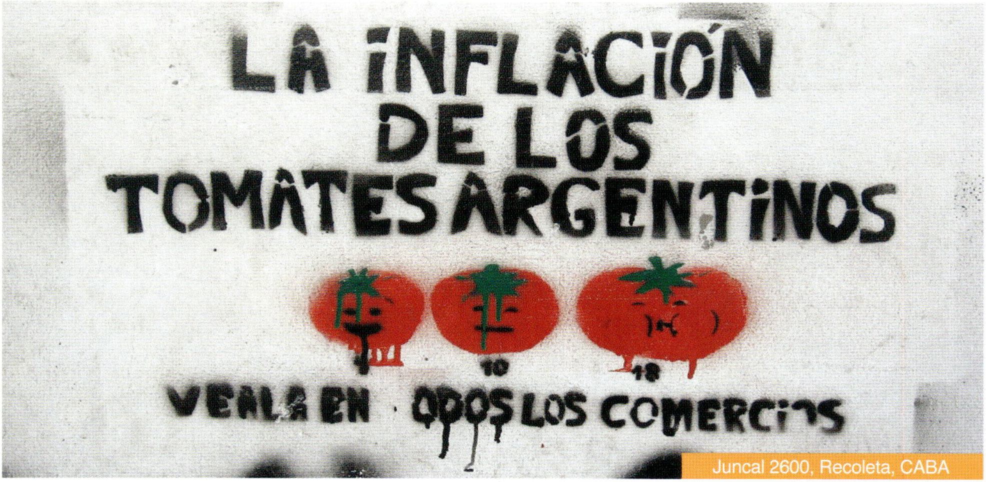

Juncal 2600, Recoleta, CABA

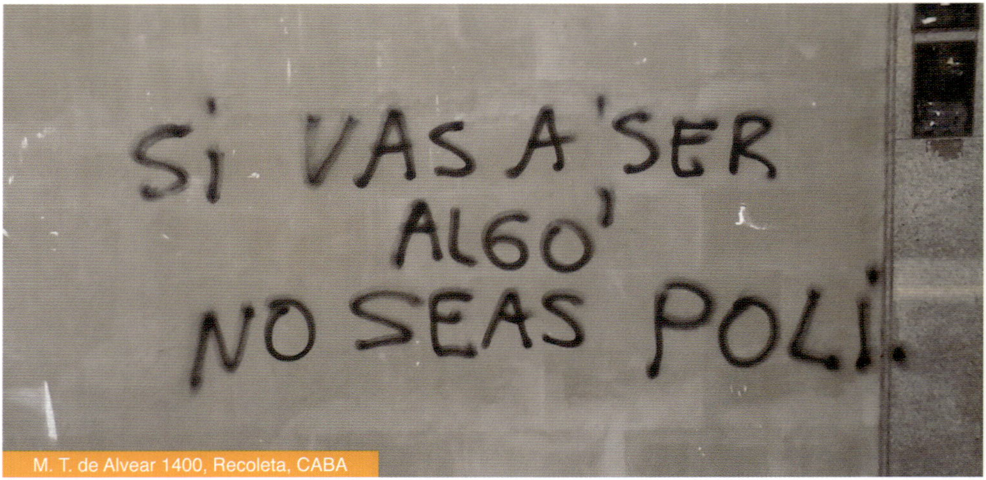

M. T. de Alvear 1400, Recoleta, CABA

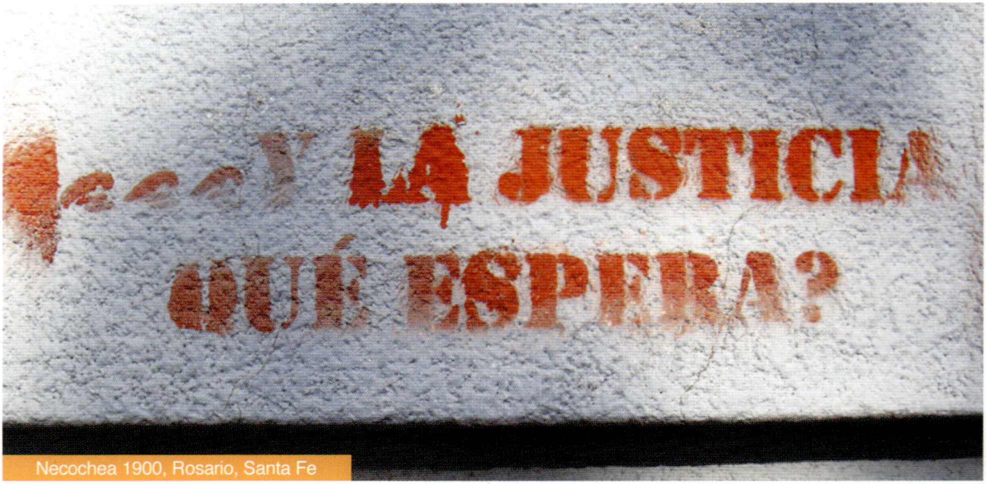

Necochea 1900, Rosario, Santa Fe

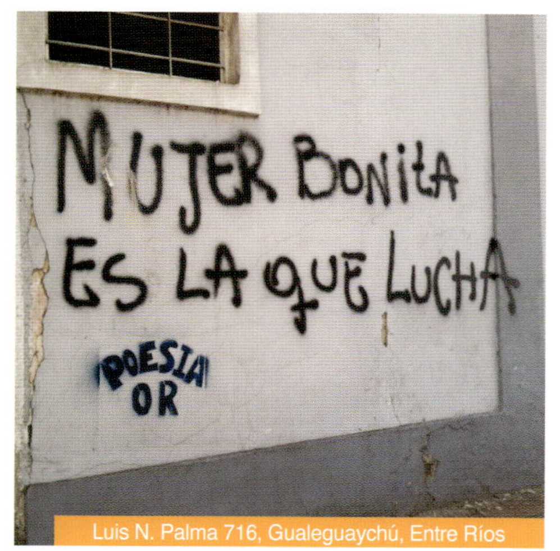

Luis N. Palma 716, Gualeguaychú, Entre Ríos

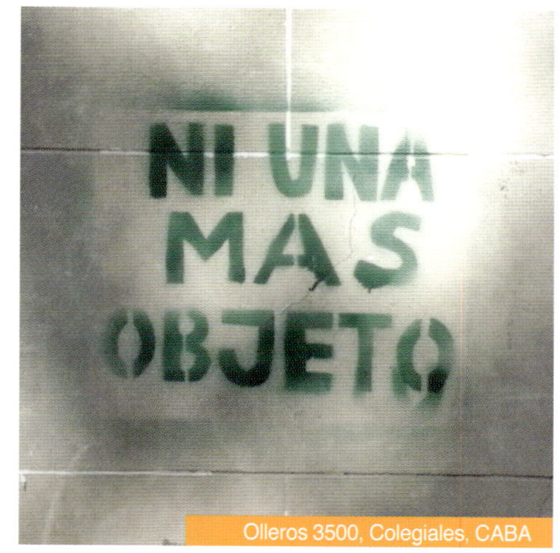

Olleros 3500, Colegiales, CABA

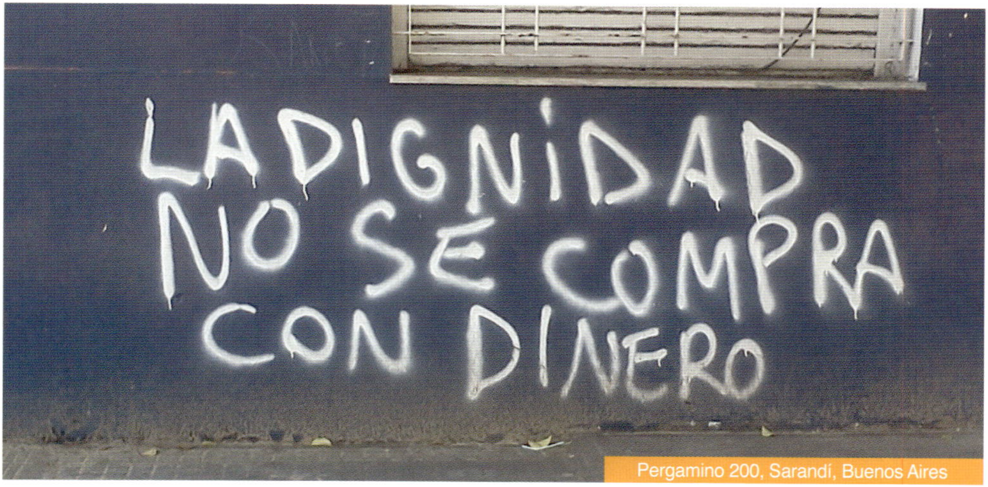

Pergamino 200, Sarandí, Buenos Aires

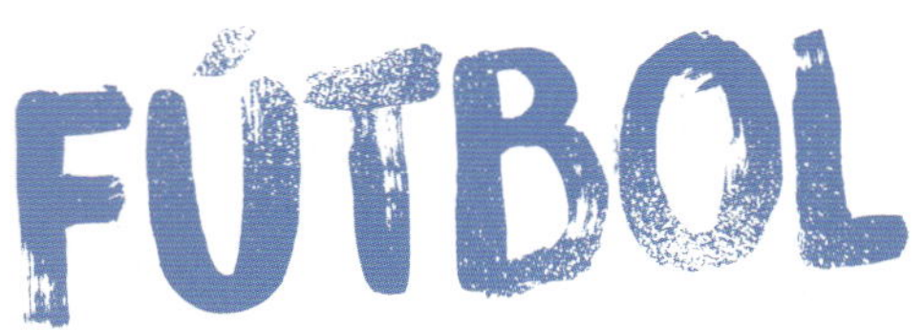

El fútbol es el deporte nacional y está omnipresente en nuestra vida cotidiana. Lo vivimos como jugadores o como hinchas, en la cancha, en partidos entre amigos, o a través de los medios, lo llevamos en la ropa de todos los días. Tema obligado de charla en el trabajo o entre vecinos, los resultados de los partidos definen el ánimo de la semana, y también la posibilidad de gastar o ser gastado. Obviamente, semejante pasión se traslada a las paredes.

La expresión más básica del grafiti futbolero es pintar el nombre, el apodo, o el escudo del club propio. Mayormente, se pueden reconocer dos tipos de pintadas: en unas, el hincha le habla a su cuadro en segunda persona (*Hoy te quiero más*) y en otras, les cuenta a los demás sobre su pasión (*Con Alva soy rico gratis*).

Otro clásico grafiti de fútbol es el insulto a los rivales, que abunda en ingenio y malicia: *trapo fácil, manda yuta.* Ahí puede apreciarse la diferencia entre cómo se llama un equipo a sí mismo y cómo le dicen los otros. Por ejemplo, "Millonarios" y "Xeneizes", o "Gallinas" y "Bosteros".

Algunos cuadros cosechan hinchas en todo el país, pero existen barrios o ciudades que se dividen en dos por los clásicos locales, como Avellaneda entre Racing e Independiente, o La Plata con Estudiantes y Gimnasia. En esta selección, el caso más elocuente se ubica en Rosario, donde la rivalidad entre Newell's y Central colorea las calles en un intercambio picante. Las paredes, portones, persianas, cordones y señales de tránsito se pintan y repintan de rojo y negro, o azul y amarillo. Se llaman a sí mismos "Leprosos" y "Canallas", pero se apodan mutuamente "Pecho frío" y "Sin aliento" (abreviados, "Pecho" y "Sina"), y se representan con un pingüino y con un parlante. Las interacciones son constantes: tapadas, tachados, agregados, retruques...

Hacerse de un equipo es pertenecer a una tribu y las pintadas futboleras son marcas de territorio, como el pis del perro. En los alrededores de la cancha de cada equipo, hay esquinas copadas por los colores, los escudos, las camisetas, fragmentos de cantitos, ídolos del club, o hinchas recordados "por siempre en el corazón de los pibes"... También aparecen murales más elaborados, cargados de simbología: los nombres o números que se atribuyen las barras (la 12, la Banda del Nevado...) se acompañan con signos "tumberos", como los cinco puntos, pistolas, cuchillos, el ataúd o la lápida del rival, la hoja de marihuana, una botella o damajuana, y otros ingredientes del aguante.

Más allá de todas las diferencias está el equipo nacional. La camiseta de la Selección llegó a ser tan representativa de la patria como la bandera, y los jugadores que la vistieron con gloria son próceres. Maradona pasó de ser "El 10" a ser "D10S", y su presencia en las paredes se da en todos los formatos: desde el cariño espontáneo con fibrón o aerosol, al diseño cuidado del esténcil o el mural con postales históricas. Quizás por haber hecho su carrera en España, el nombre y la imagen de Lío Messi, la reencarnación de la esperanza permanente, todavía aparece con timidez en nuestras calles.

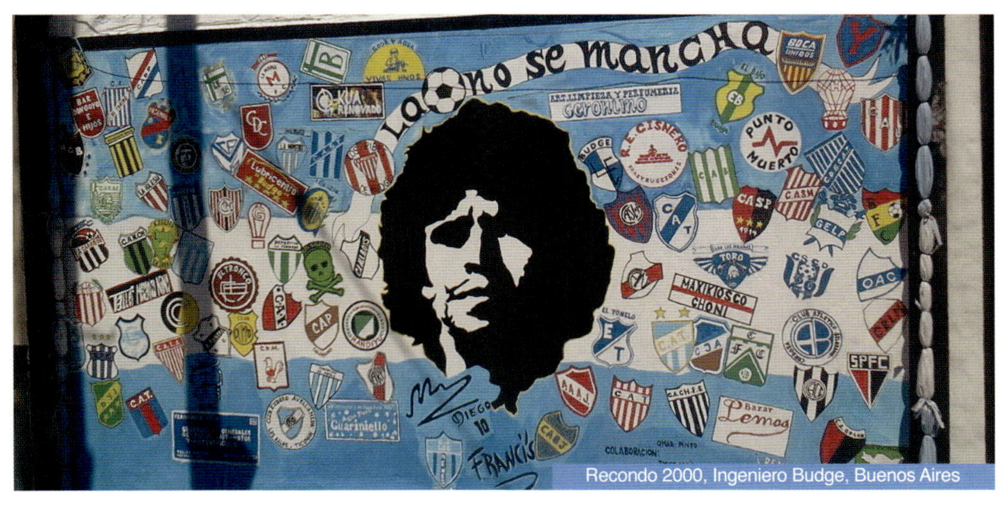

Recondo 2000, Ingeniero Budge, Buenos Aires

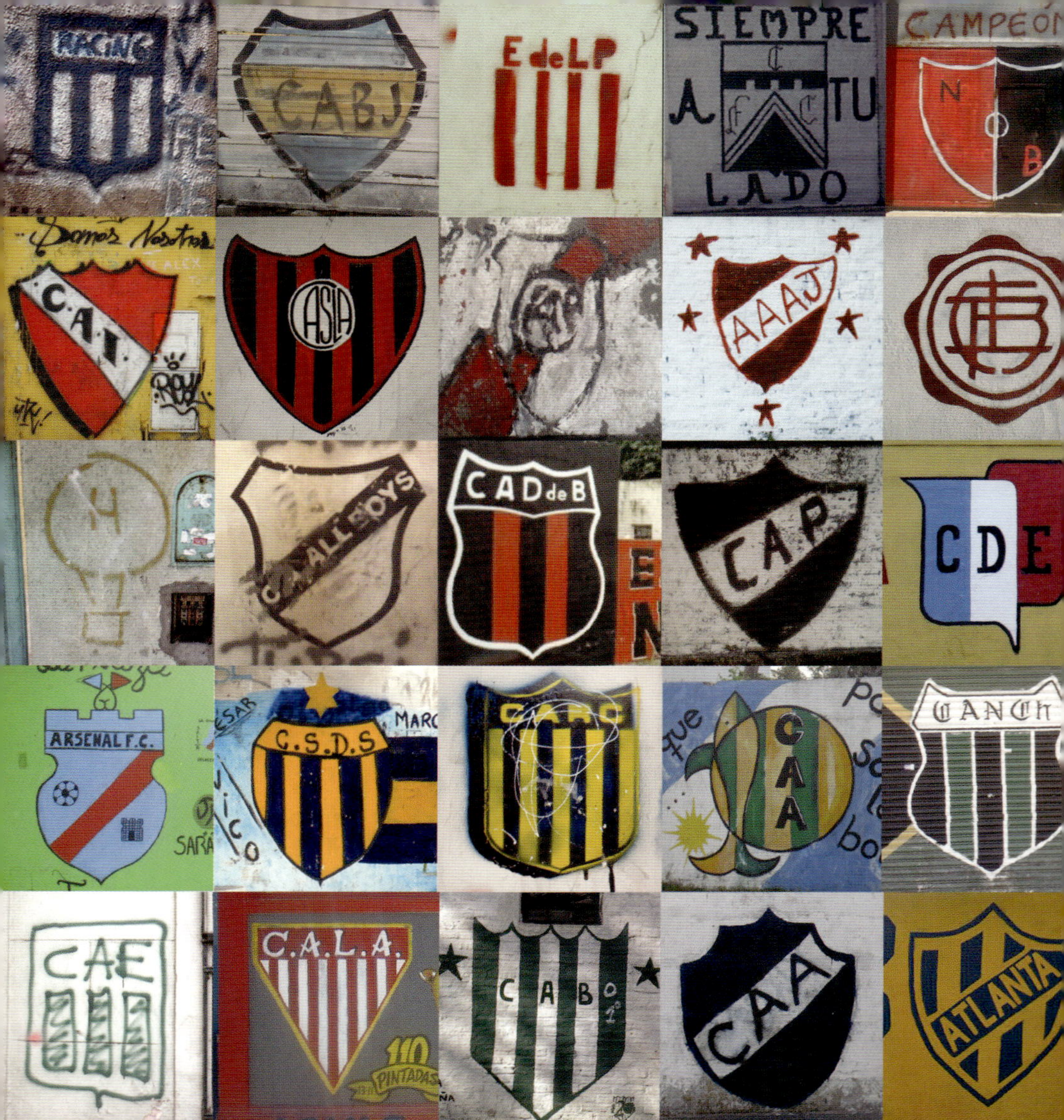
RACING
CABJ
E de L P
SIEMPRE
A TU
LADO
Somos Nosotros
C.A.I
CASLA
AAAJ
CAD de B
CAP
CDE
ARSENAL F.C.
C.S.D.S
CARC
CAA
CANCh
CAE
C.A.L.A.
110
PINTADAS
C A B O
CAA
ATLANTA

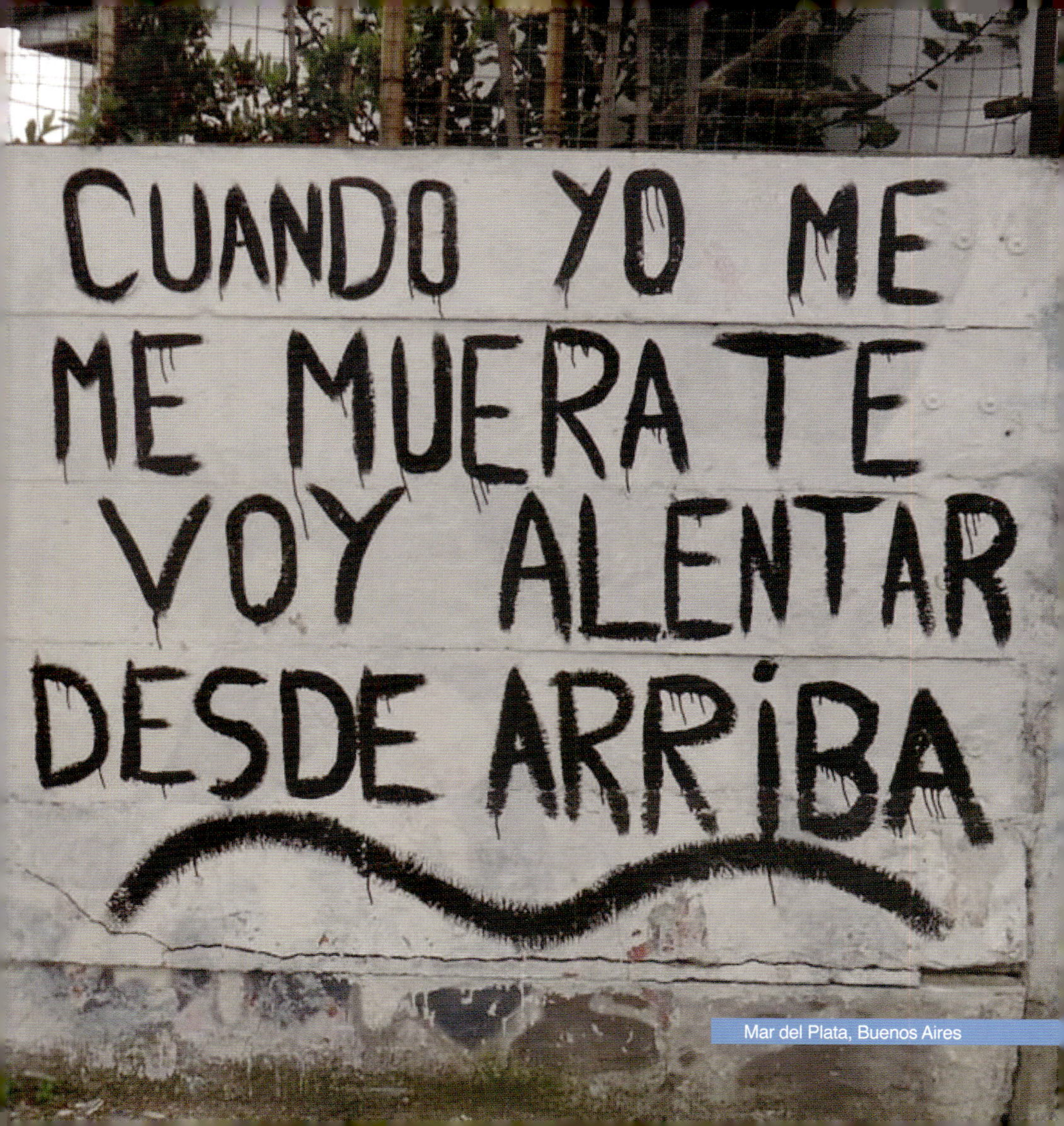

CUANDO YO ME
ME MUERA TE
VOY ALENTAR
DESDE ARRiBA

Mar del Plata, Buenos Aires

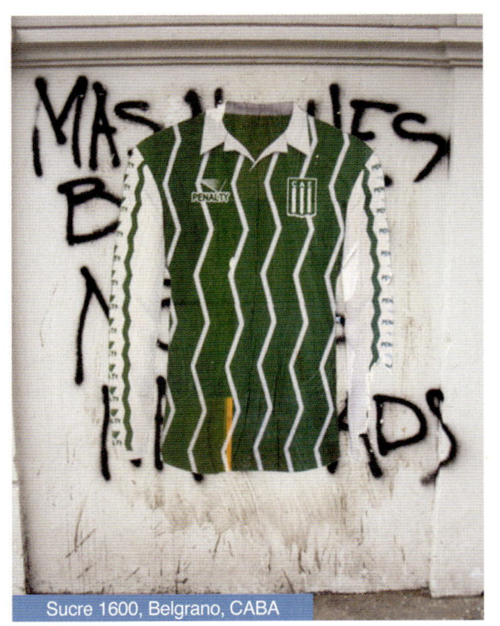

Sucre 1600, Belgrano, CABA

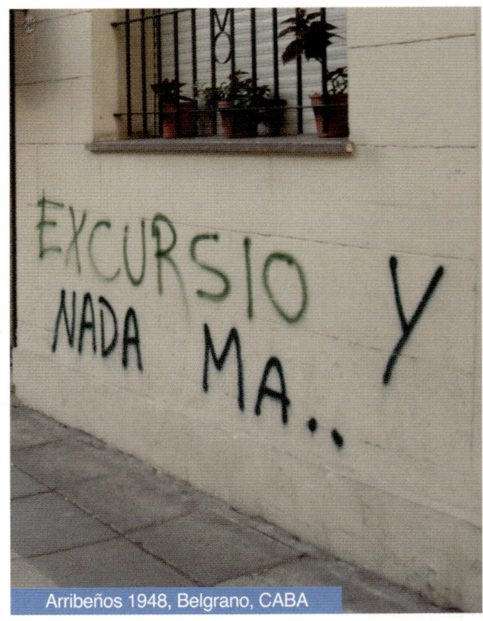

Arribeños 1948, Belgrano, CABA

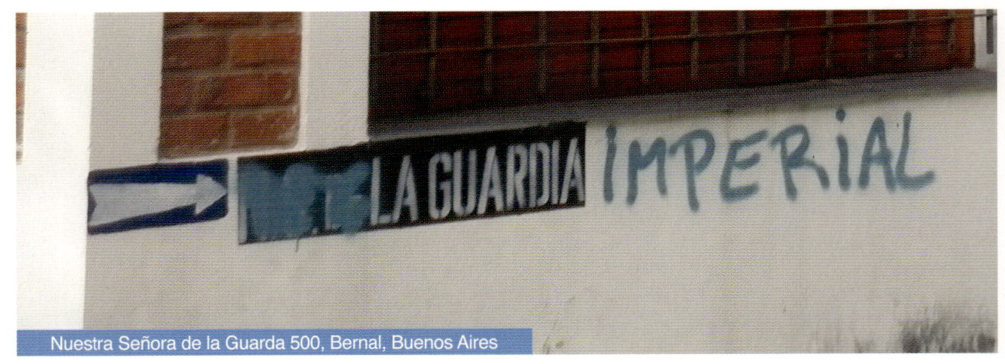

Nuestra Señora de la Guarda 500, Bernal, Buenos Aires

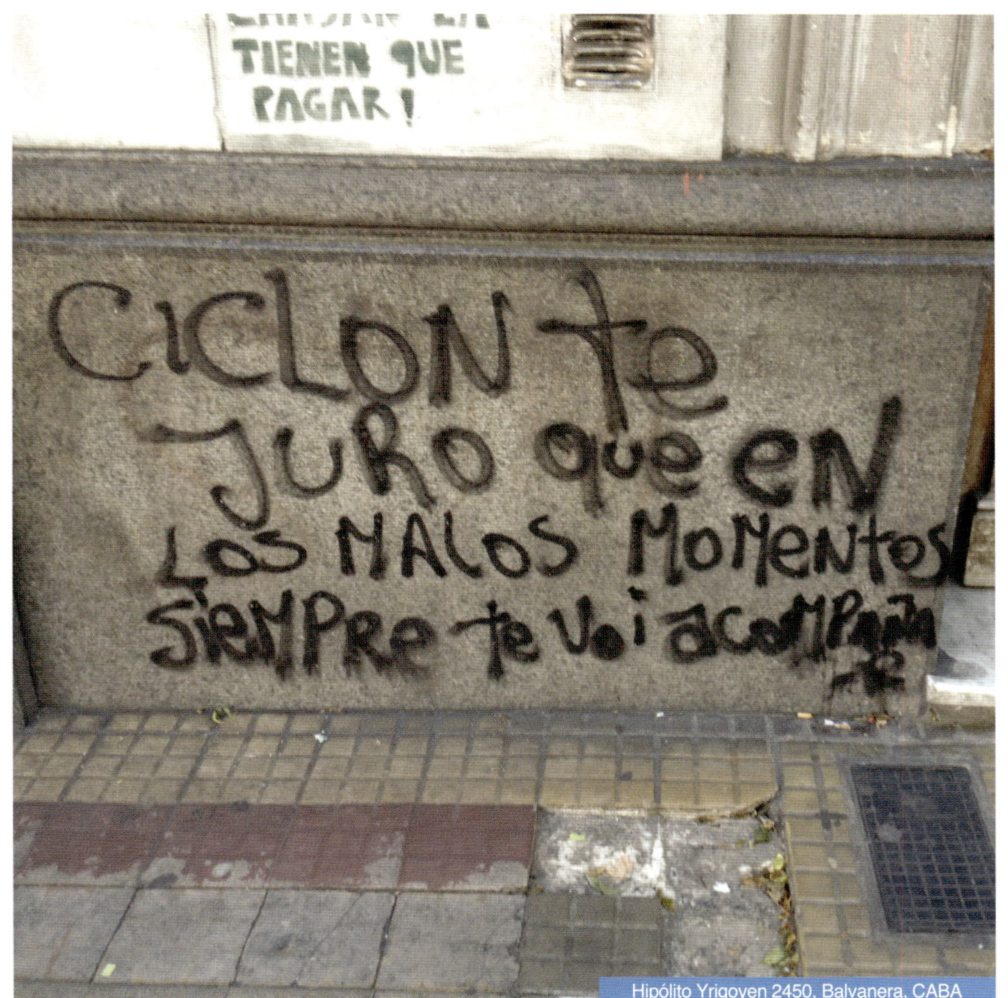

Hipólito Yrigoyen 2450, Balvanera, CABA

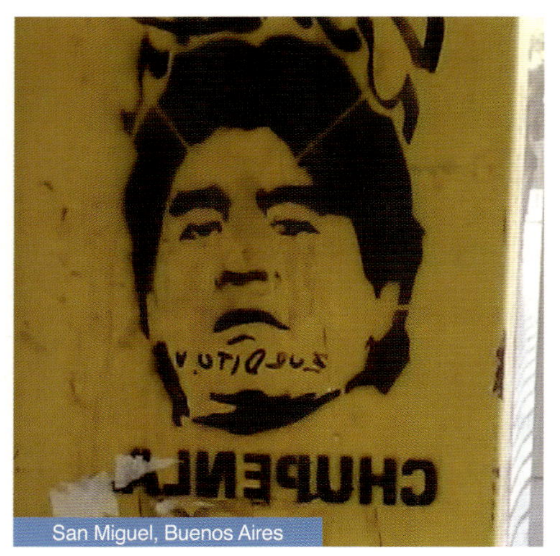

San Miguel, Buenos Aires

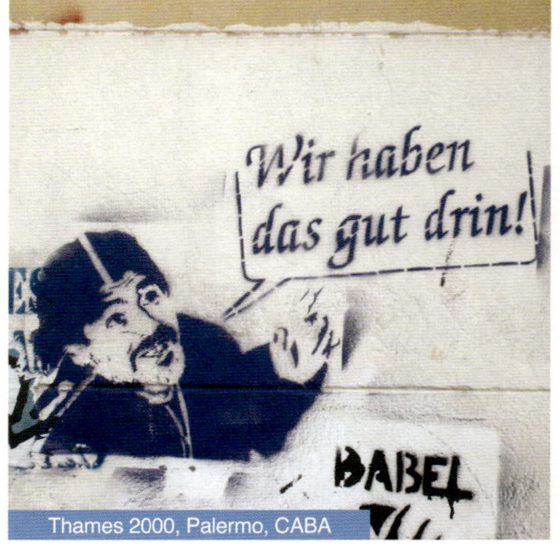

Thames 2000, Palermo, CABA

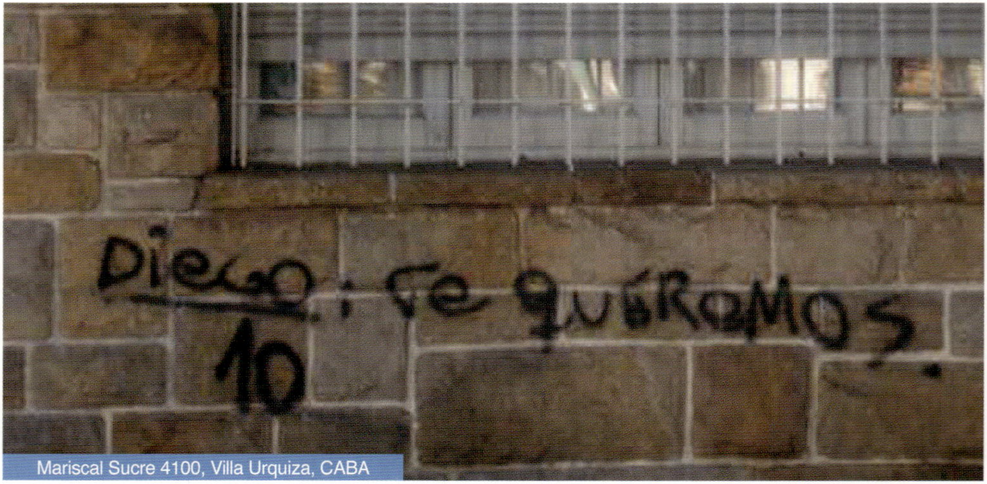

Mariscal Sucre 4100, Villa Urquiza, CABA

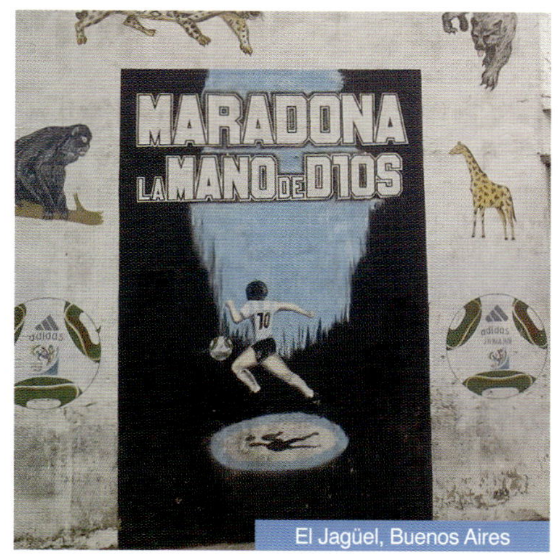

El Jagüel, Buenos Aires

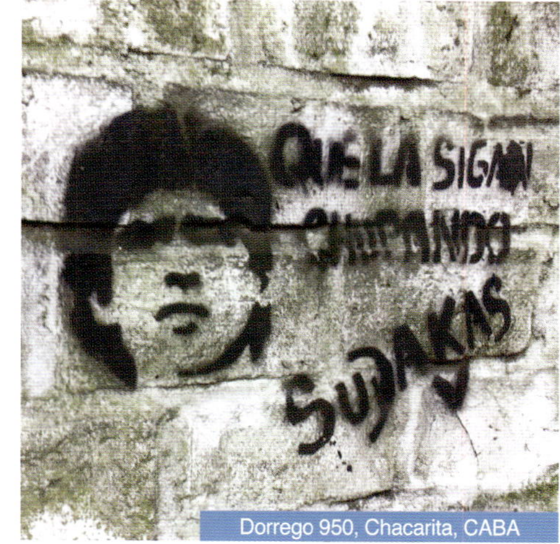

Dorrego 950, Chacarita, CABA

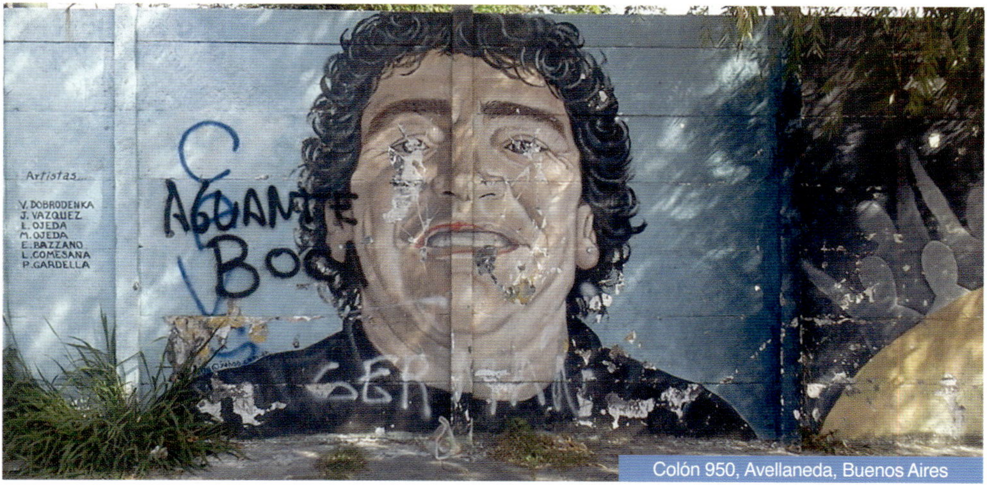

Colón 950, Avellaneda, Buenos Aires

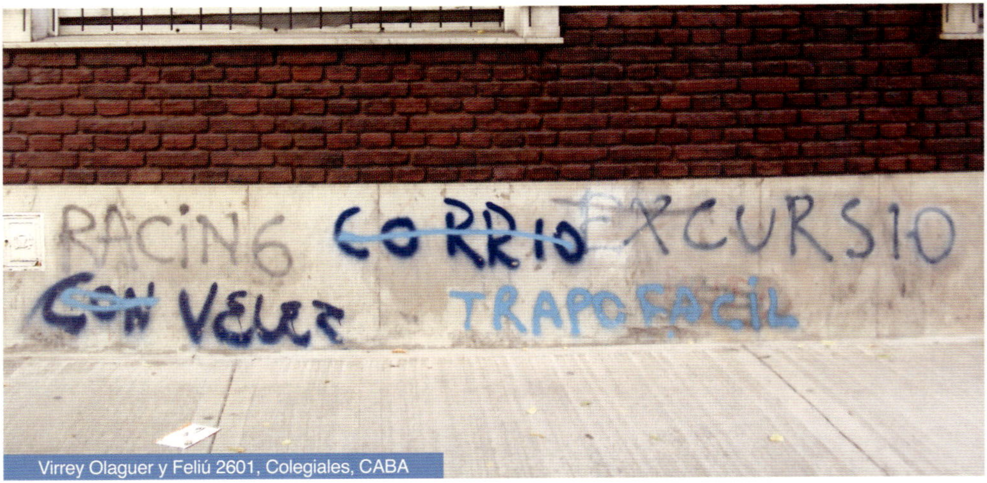

Virrey Olaguer y Feliú 2601, Colegiales, CABA

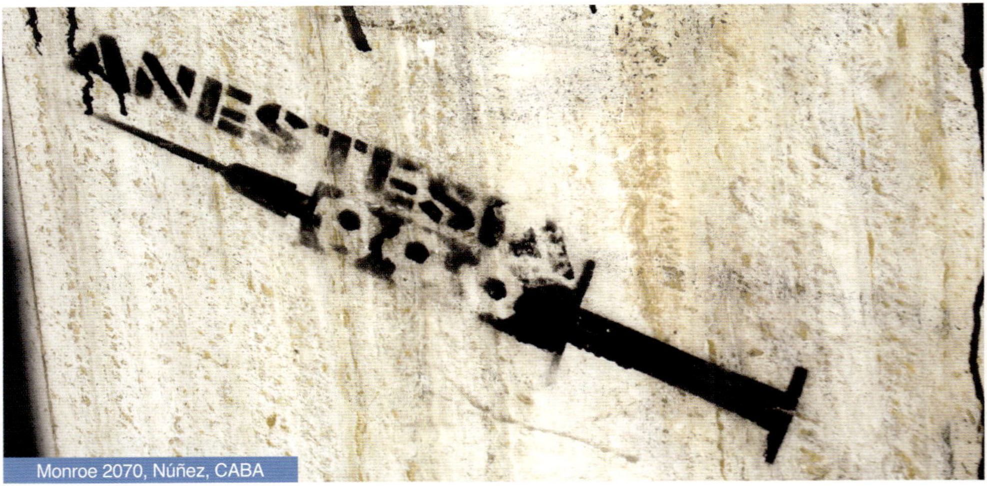

Monroe 2070, Núñez, CABA

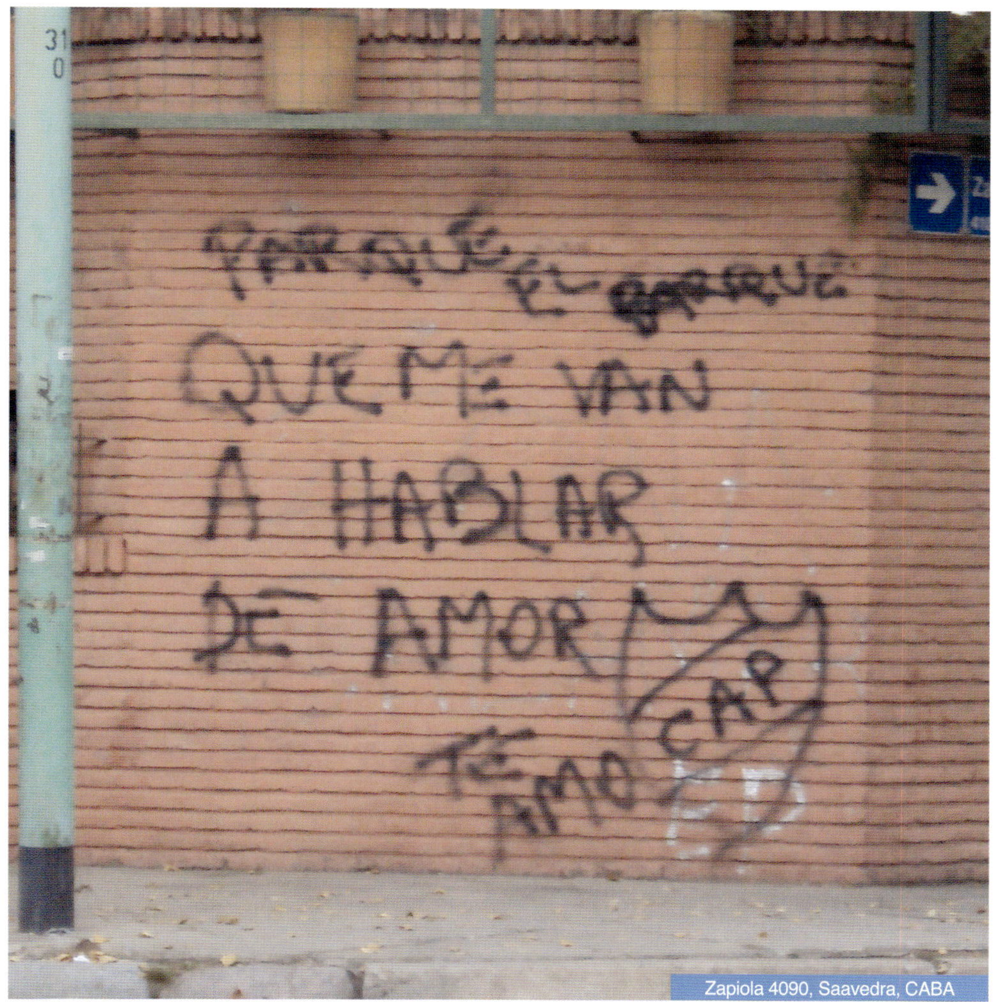

Zapiola 4090, Saavedra, CABA

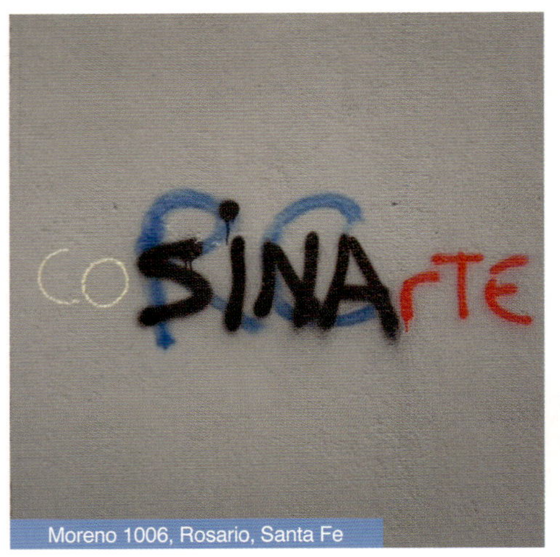

Moreno 1006, Rosario, Santa Fe

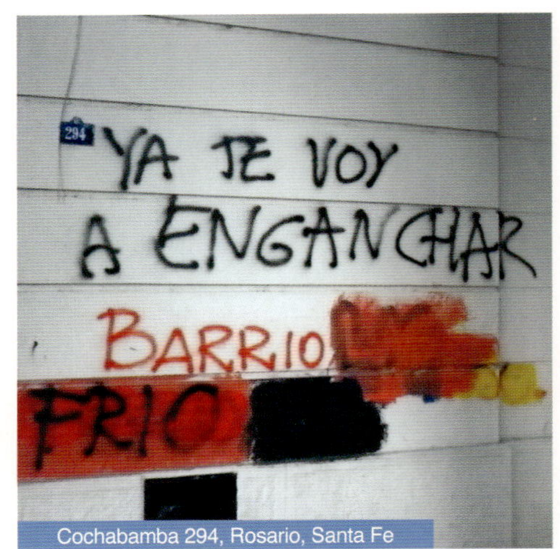

Cochabamba 294, Rosario, Santa Fe

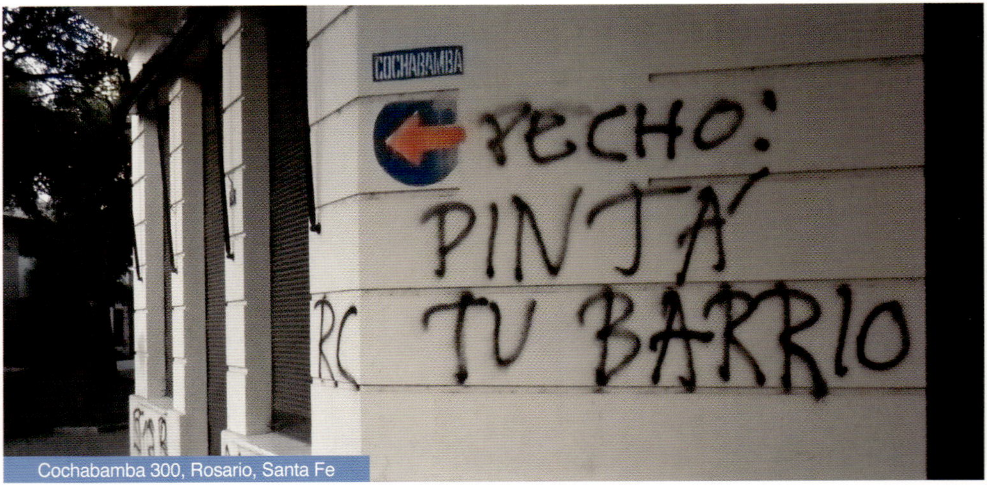

Cochabamba 300, Rosario, Santa Fe

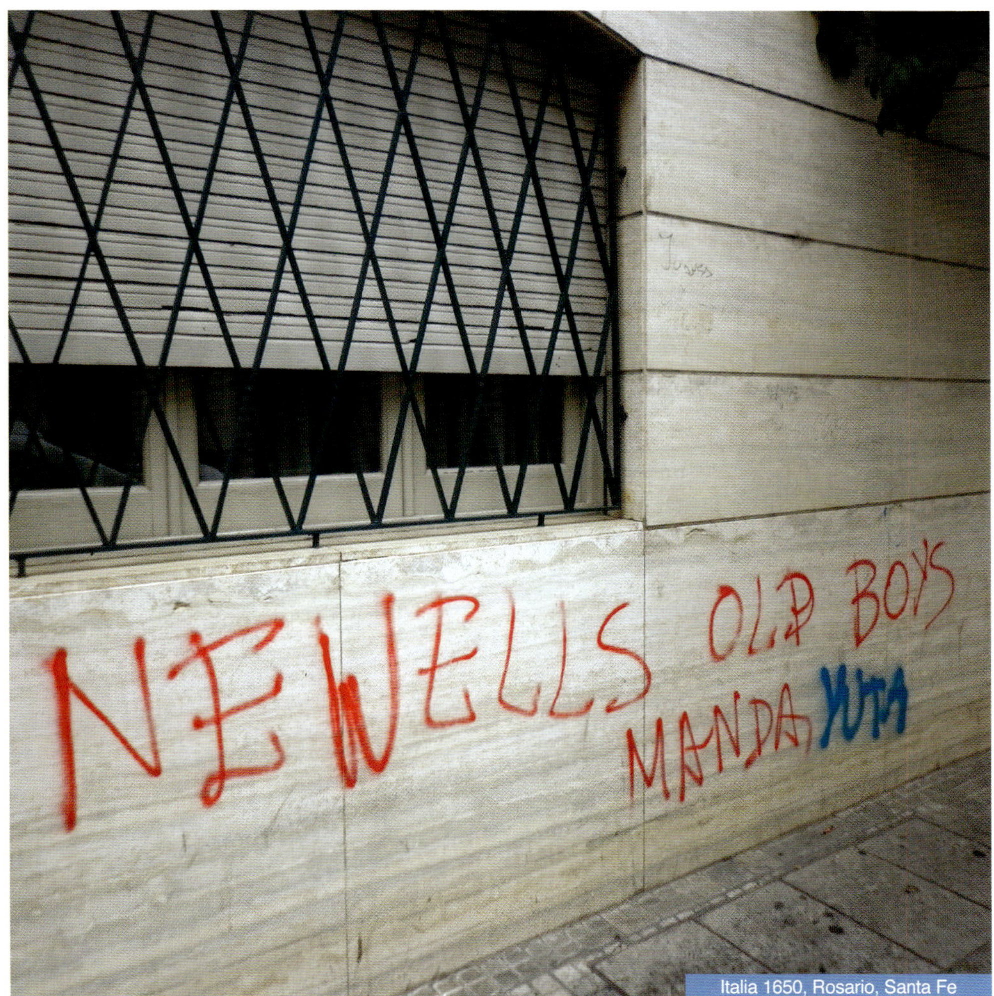

Italia 1650, Rosario, Santa Fe

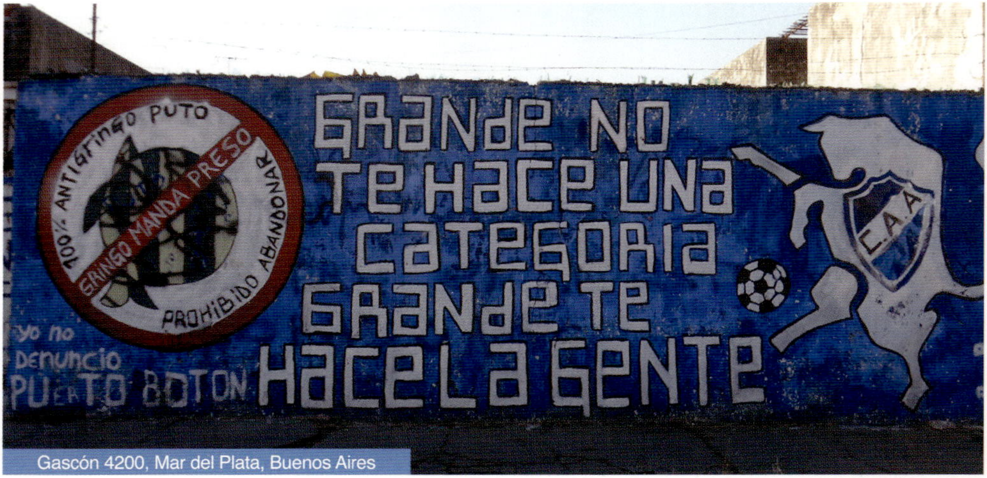

Gascón 4200, Mar del Plata, Buenos Aires

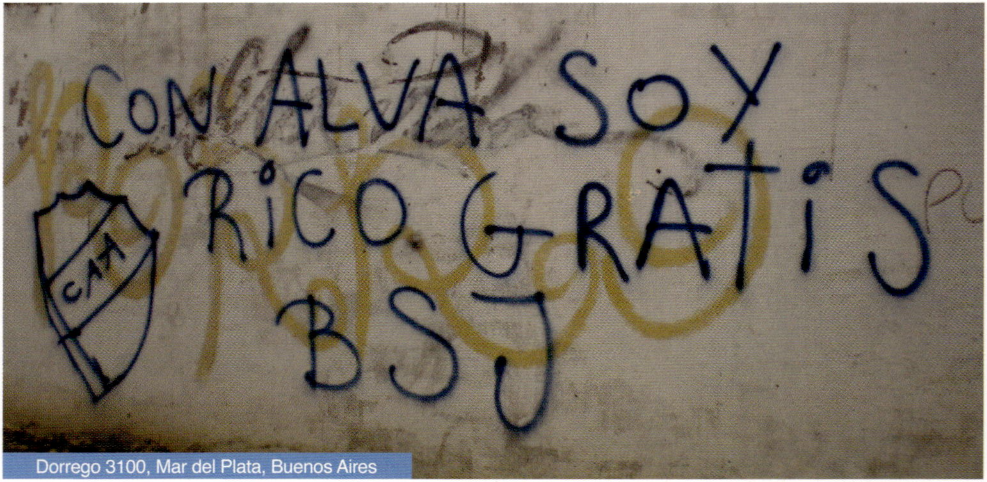

Dorrego 3100, Mar del Plata, Buenos Aires

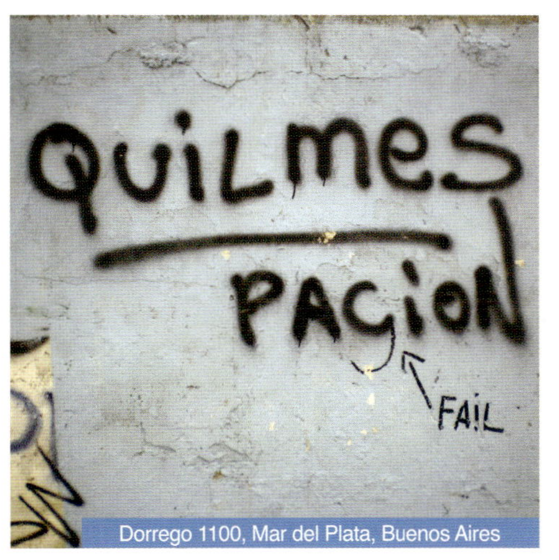

Dorrego 1100, Mar del Plata, Buenos Aires

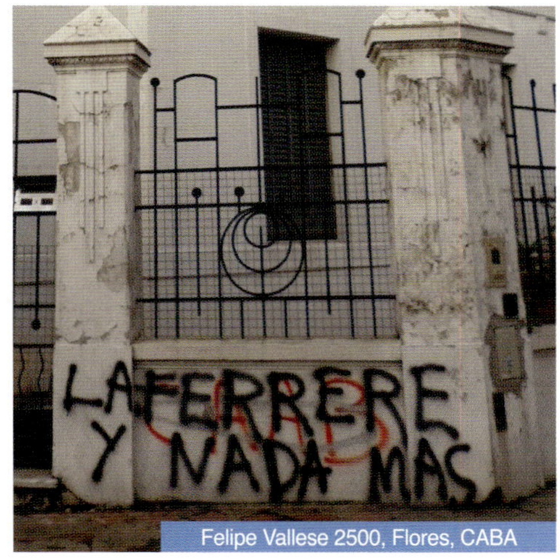

Felipe Vallese 2500, Flores, CABA

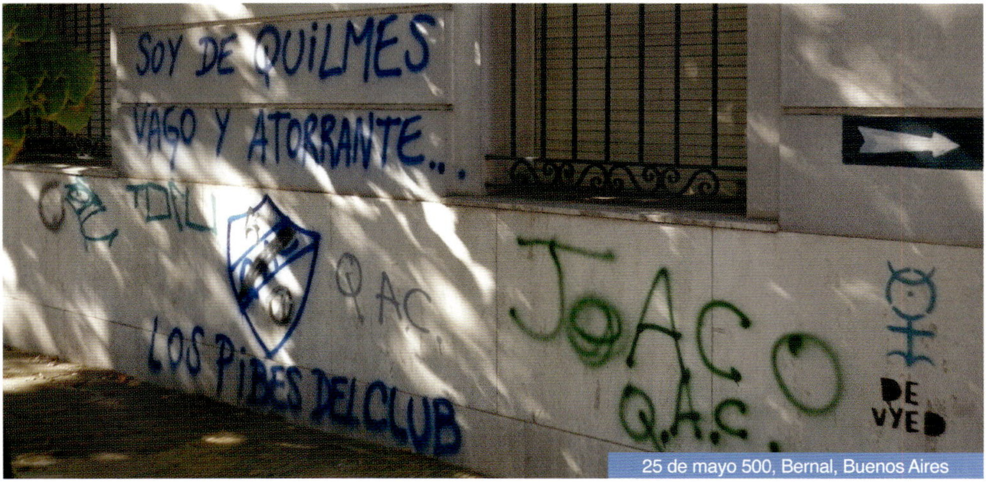

25 de mayo 500, Bernal, Buenos Aires

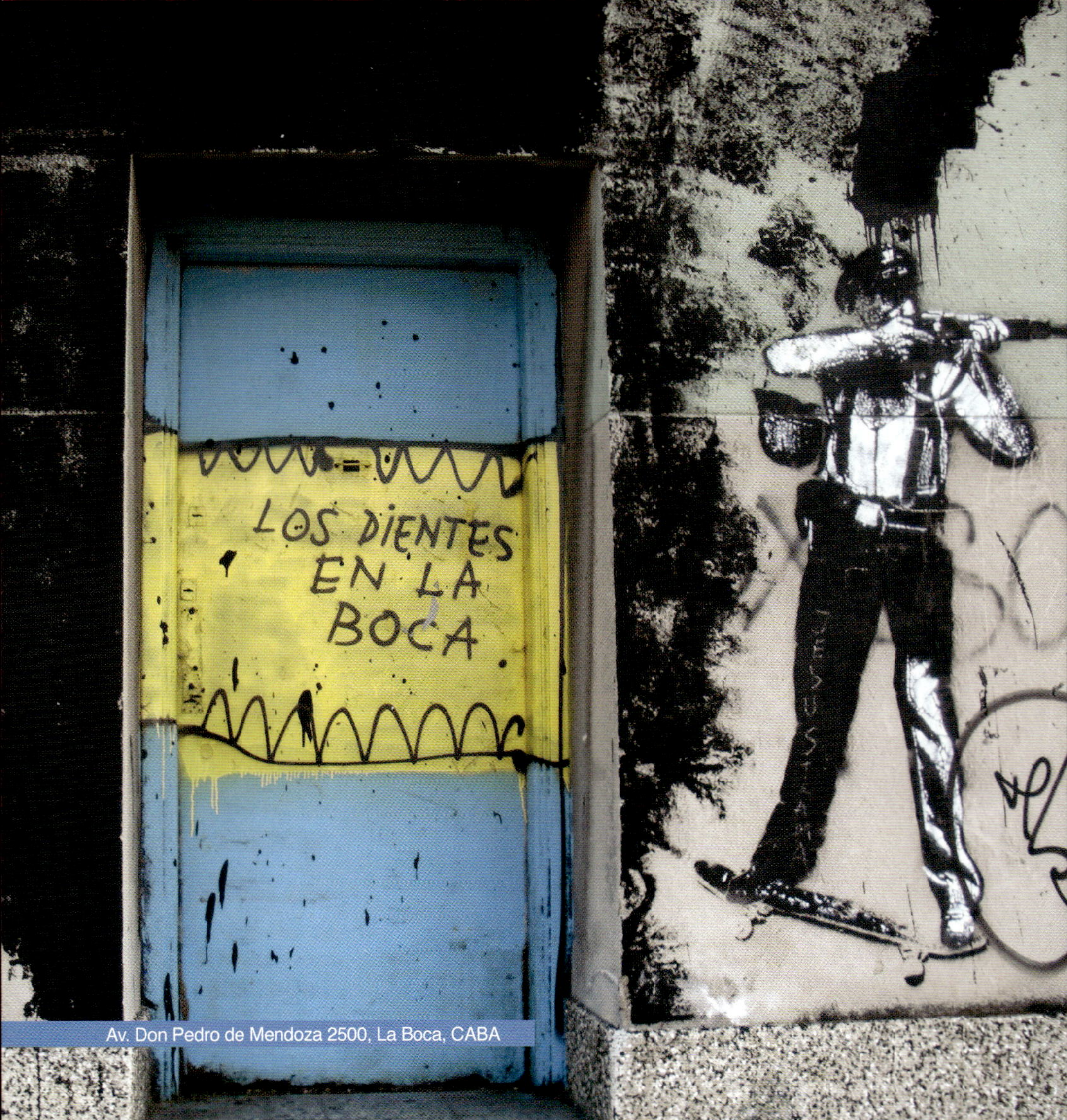

Av. Don Pedro de Mendoza 2500, La Boca, CABA

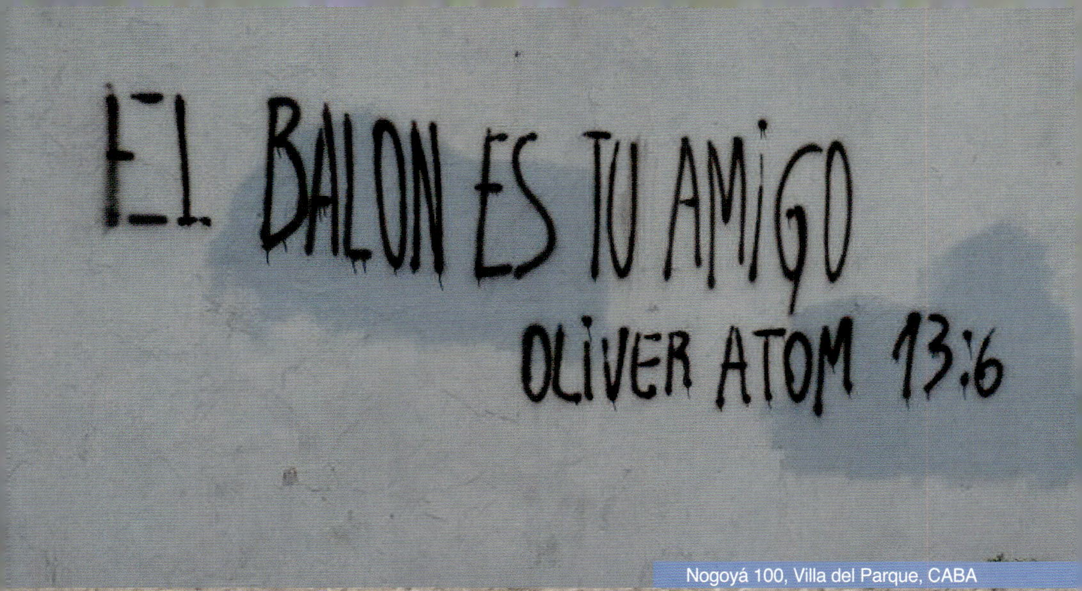

EL BALON ES TU AMIGO
OLIVER ATOM 13:6

Nogoyá 100, Villa del Parque, CABA

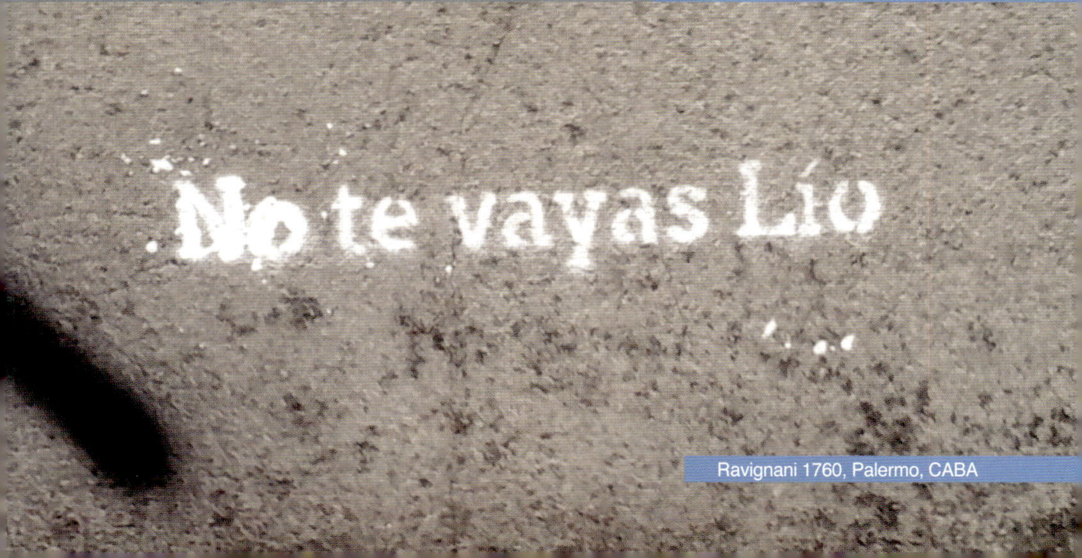

No te vayas Lío

Ravignani 1760, Palermo, CABA

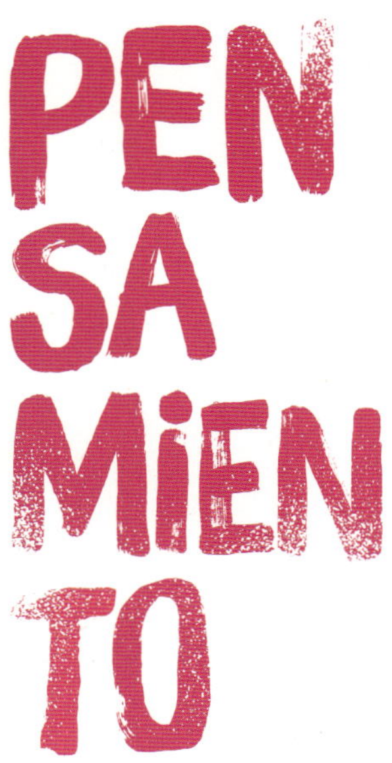

Si bien la mayoría de los grafitis sostienen alguna idea, bajo el nombre de "pensamiento", agrupamos a aquellos grafitis que expresan intuiciones, reflexiones, dudas, epifanías... formas condensadas de percibir, pensar o imaginar el mundo.

A veces las ideas se manifiestan en frases, otras en dibujos y en algunos casos surgen de la combinación de texto e imagen.

En su versión más arquetípica, los grafitis de pensamiento se dan como máximas filosóficas o poéticas. Una de sus características es el uso del verbo "ser", para introducir definiciones, metáforas y comparaciones (*"Los sueños son como las sombras chinescas..."*). Suelen tener rasgos más propios de la escritura que de la oralidad: el uso del "tú" (en lugar del "vos") y de tiempos verbales infrecuentes en el habla cotidiana (*"seremos"*), con un vocabulario más "culto" o "literario", como si los grafitis se pusieran grandilocuentes. Algunos son citas textuales de libros, de canciones, de frases célebres, de refranes…

Los pensamientos también se formulan como preguntas, sean retóricas o verdaderos cuestionamientos que abren sentidos. Otras veces aparecen chispazos de humor que apelan al absurdo, cuestionan la racionalidad y el sentido común, delirios o paradojas que sacuden los hábitos de la mente. También se ven frases o figuras enigmáticas, tal vez chistes internos de quienes las pintaron, que provocan sonrisas o desconcierto.

Muchos grafitis se presentan como consignas con imperativos más o menos amables. Al igual que las publicidades, omnipresentes en la vía pública, las paredes te dicen lo que tenés que hacer, aunque con otras propuestas. Ideas sobre las condiciones de existencia, en general con mensajes anticapitalistas, que nos instan a adoptar estilos de vida alternativos en materia de cosmovisiones, consumos, sexualidad, etcétera. Además, existe toda una rama de grafitis contrapublicitarios: intervenciones sobre carteles (frases, pintadas, collages) que alteran los mensajes, y también logos o eslóganes que se remixan con el sentido cambiado, como el caso de muchos esténciles.

La combinación de texto e imagen (dibujos, tipografías, íconos o emoticones) a menudo altera el sentido que las partes tendrían por separado, y se producen contrastes, ironías, nuevos sentidos.

Además, hay chistes gráficos, que expresan un pensamiento puramente visual. Y el contexto también puede afectar al sentido del grafiti o sugerir ciertas interpretaciones: como una A de anarquía en la pared de una iglesia.

Entre los temas, la identidad es uno de los más recurrentes. Quién soy, quién sos, quiénes somos. Frases que siembran la duda, que plantean verdades categóricas, o que proponen ser de tal manera. Así surgen distintos e inciertos "nosotros", en los que se puede o no estar incluido.

Otras cuestiones existenciales sobre las que se pinta a menudo son la libertad, la realidad, la vida y la muerte, el pensar mismo, y distintas formas de la fe, lo divino, lo sagrado. En los grafitis místicos, Dios y Jesús aparecen seguido, pero también hay lugar para otras religiones y creencias.

Un grupo particular es el de los grafitis autorreferenciales, donde la práctica se propone como tema: grafitis sobre grafitis. Estos mensajes entre colegas hacen referencia al acto de pintar, nombran los materiales (pared, aerosol, pintura), reivindican las pintadas, invitan a la acción.

Un caso llamativo se da cuando los grafitis quedan inconclusos o se terminan *a posteriori*. Sea porque hubo que escapar, se terminó la pintura, o la frase no cabía en el espacio elegido, se leen grafitis con una palabra o sílaba de menos, que invitan a completar el sentido. A veces las mismas personas vuelven a finalizar su obra, y se notan dos momentos de pintura; y en ocasiones otras manos escriben lo que faltaba o cambian el sentido. Es lo que ocurre con muchas tachaduras, enmiendas, sustituciones o agregados. También se encuentran seguidillas de frases, escritas entre varios, que generan pequeños diálogos. Preguntas y respuestas, aclaraciones o comentarios que surgen a partir de un grafiti inicial. Los participantes pueden distinguirse en la pared por las diferentes caligrafías, técnicas o colores.

Más allá del tono de los intercambios, podemos apreciar en las paredes el curioso fenómeno de la comunicación entre desconocidos, y las combinaciones felices del pensamiento colectivo.

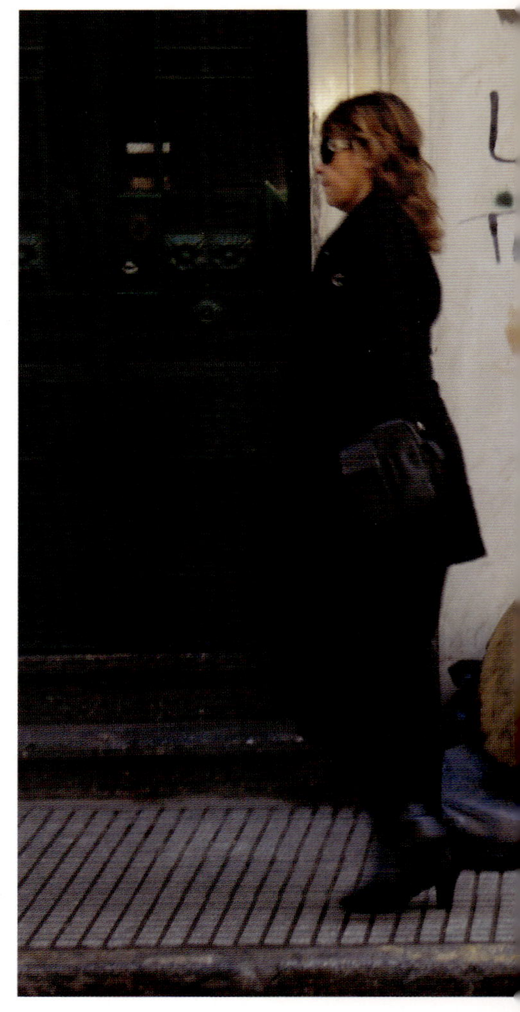

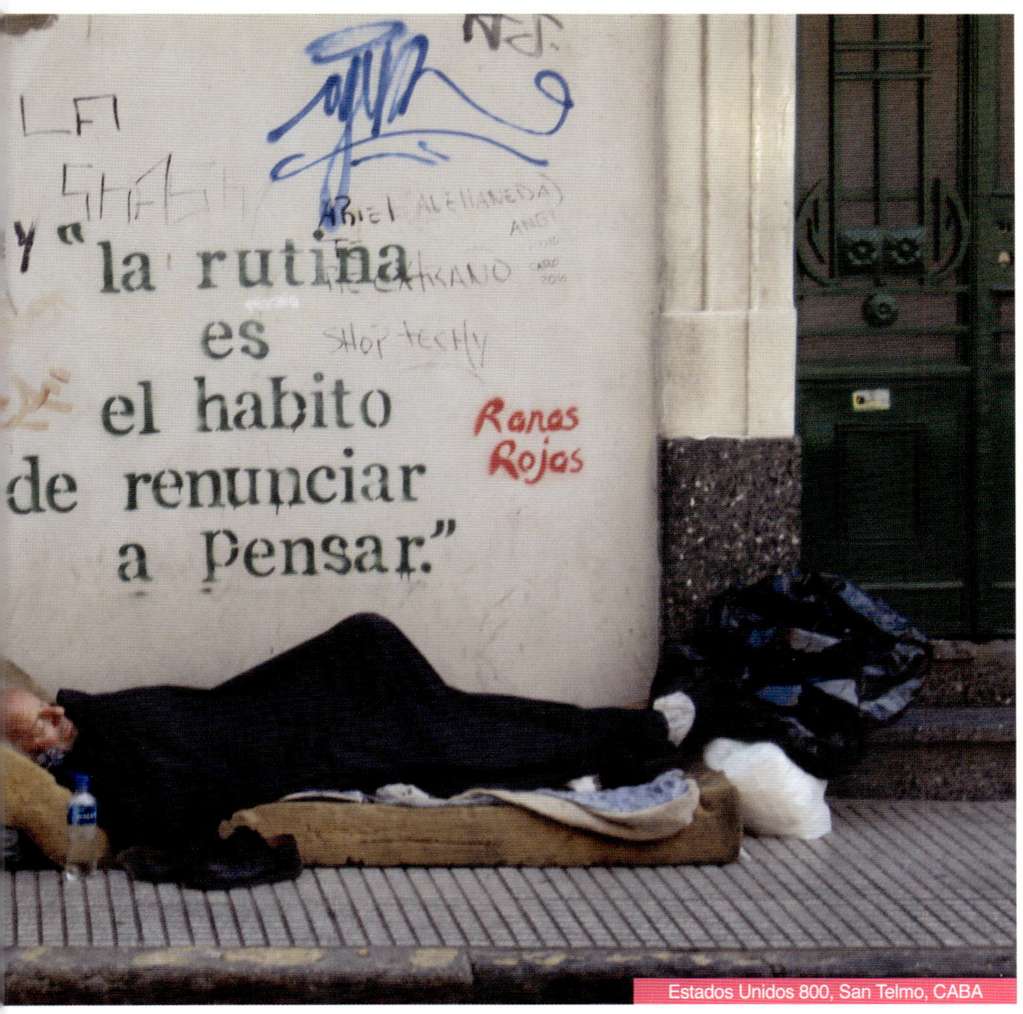

Estados Unidos 800, San Telmo, CABA

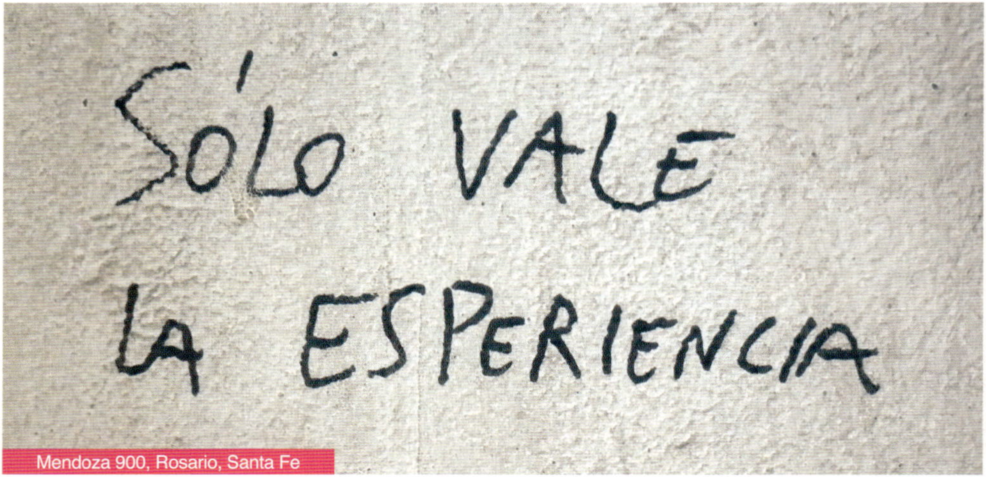

SÓLO VALE
LA ESPERIENCIA

Mendoza 900, Rosario, Santa Fe

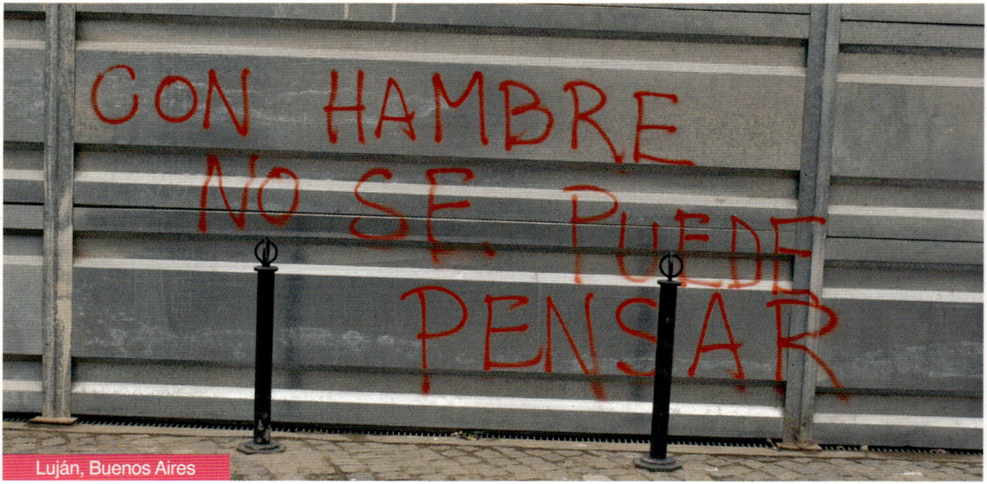

CON HAMBRE
NO SE PUEDE
PENSAR

Luján, Buenos Aires

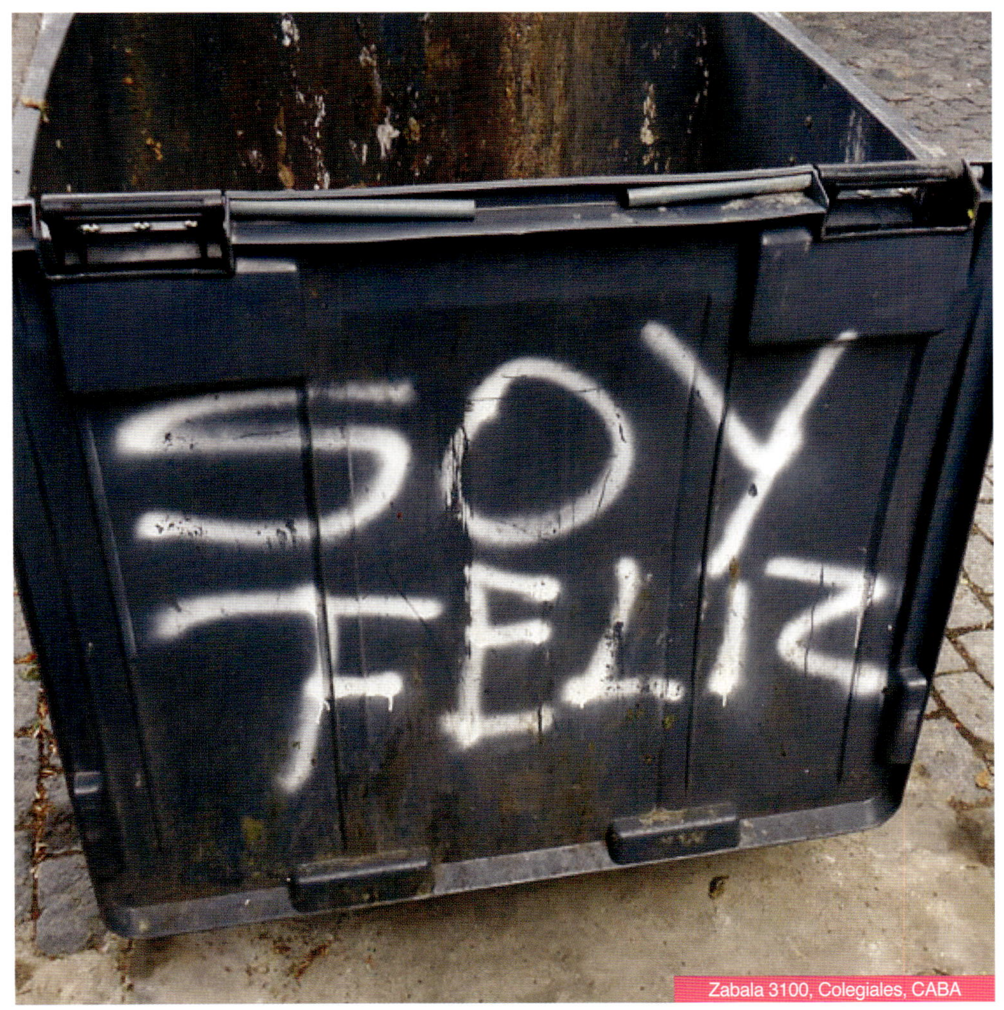

Zabala 3100, Colegiales, CABA

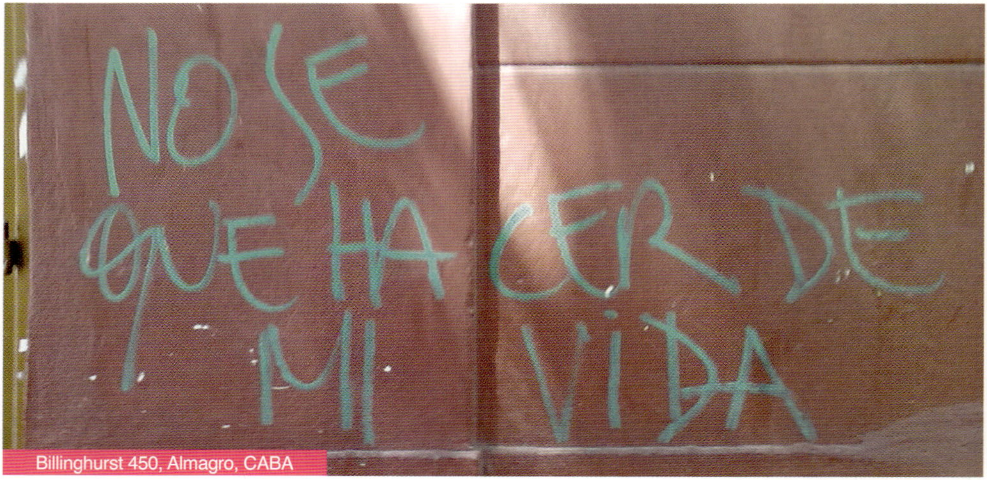

Billinghurst 450, Almagro, CABA

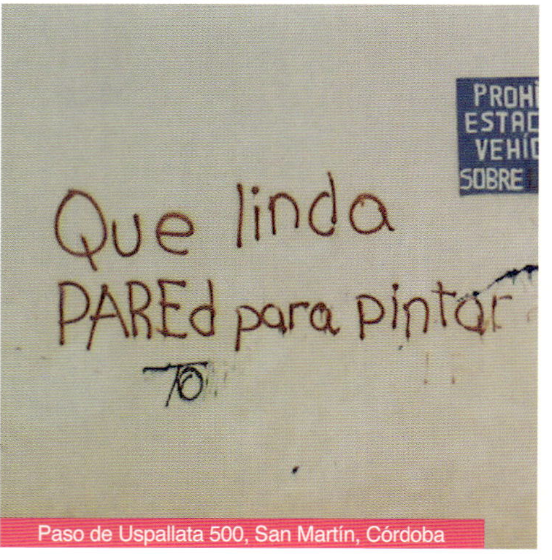

Paso de Uspallata 500, San Martín, Córdoba

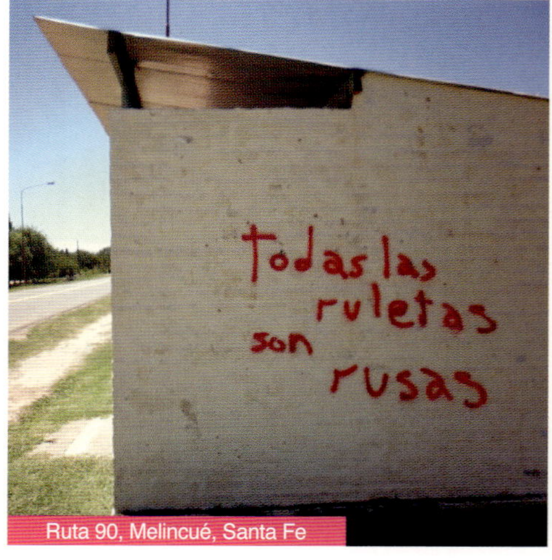

Ruta 90, Melincué, Santa Fe

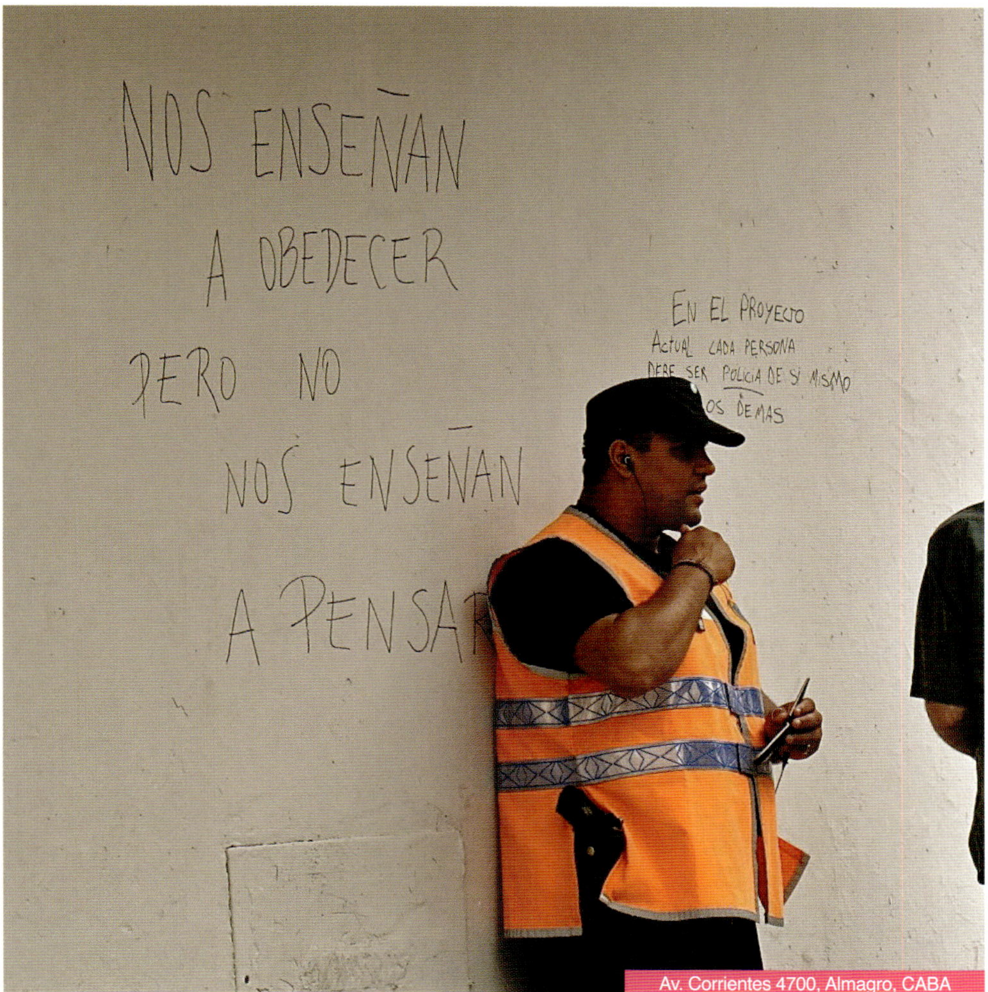

Av. Corrientes 4700, Almagro, CABA

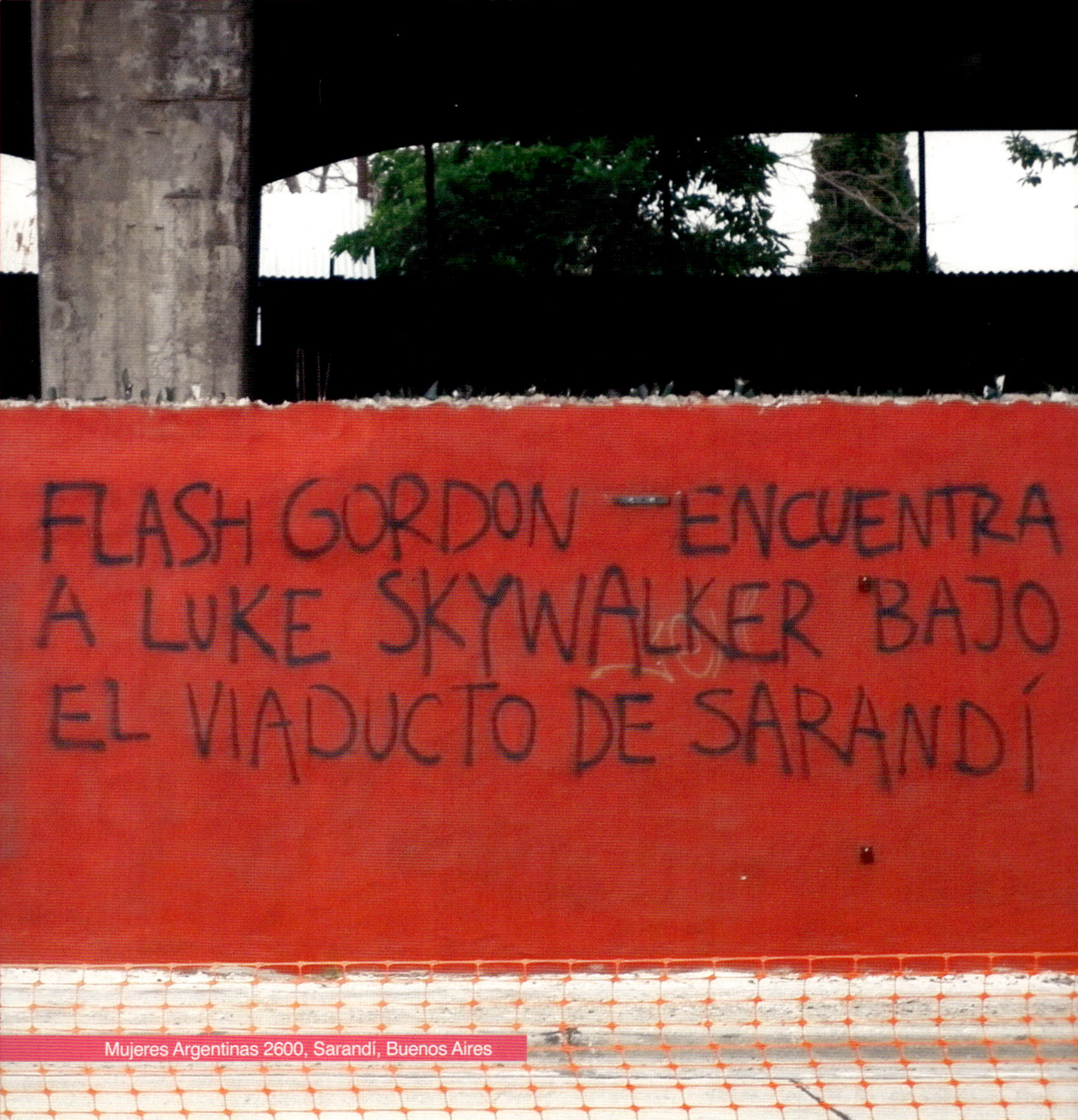

Mujeres Argentinas 2600, Sarandí, Buenos Aires

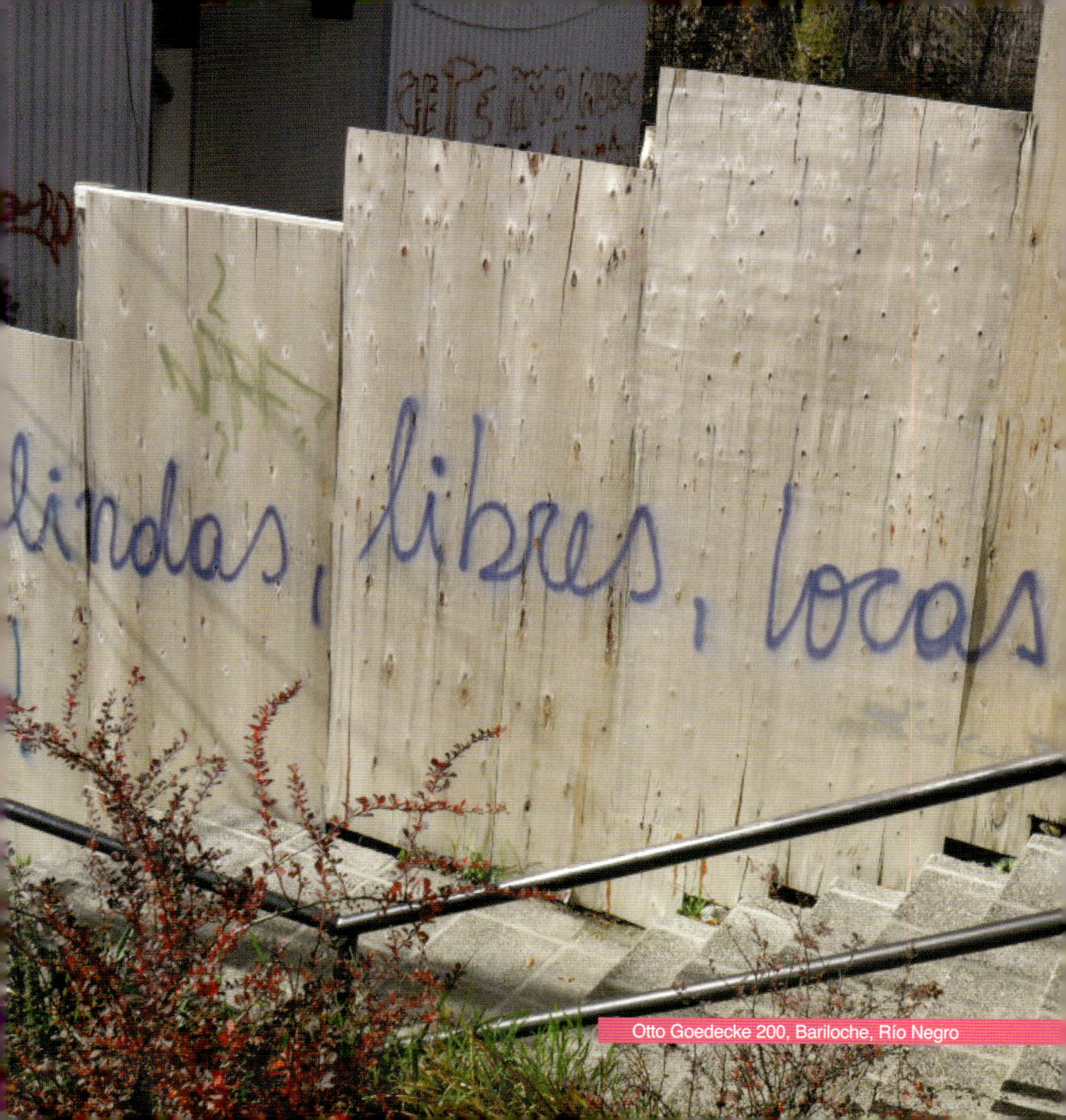

Otto Goedecke 200, Bariloche, Río Negro

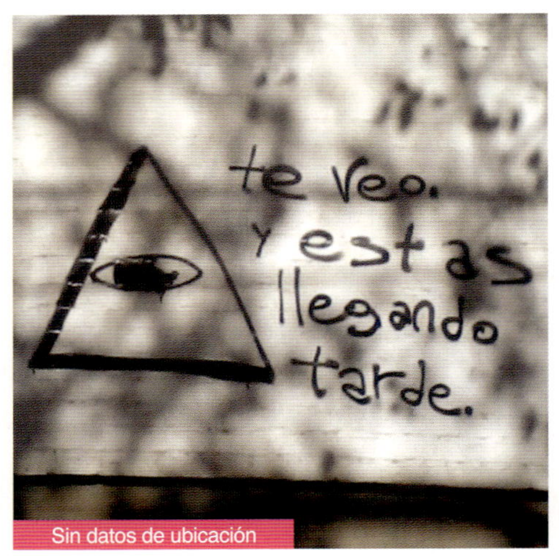

Sin datos de ubicación

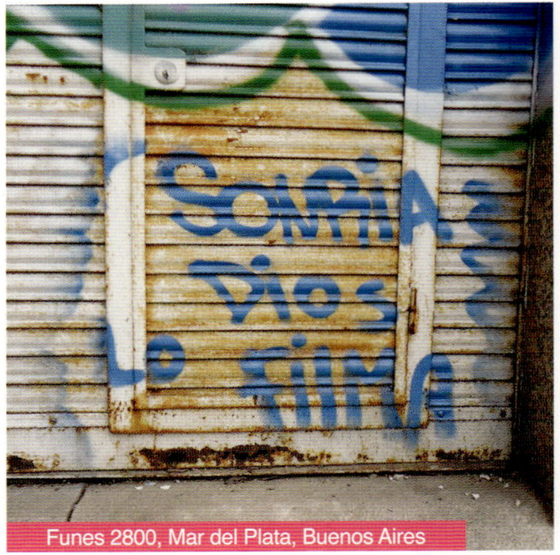

Funes 2800, Mar del Plata, Buenos Aires

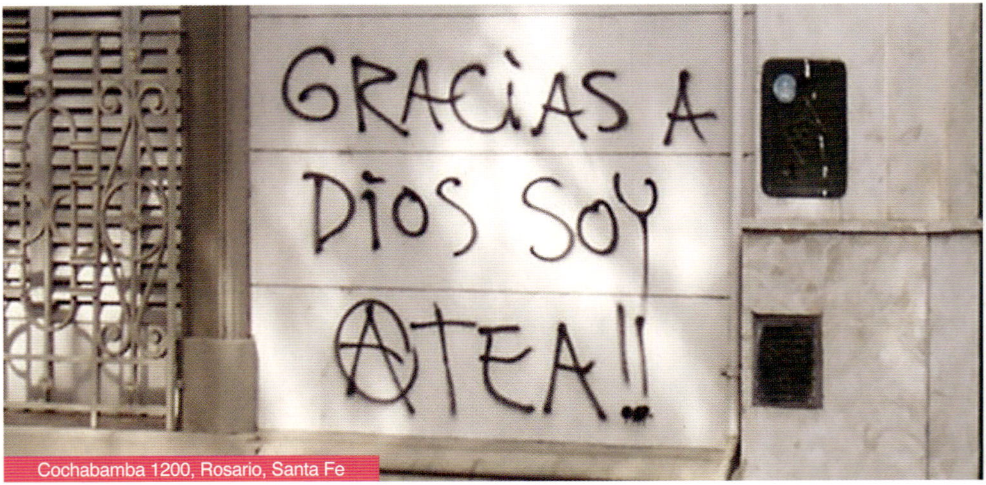

Cochabamba 1200, Rosario, Santa Fe

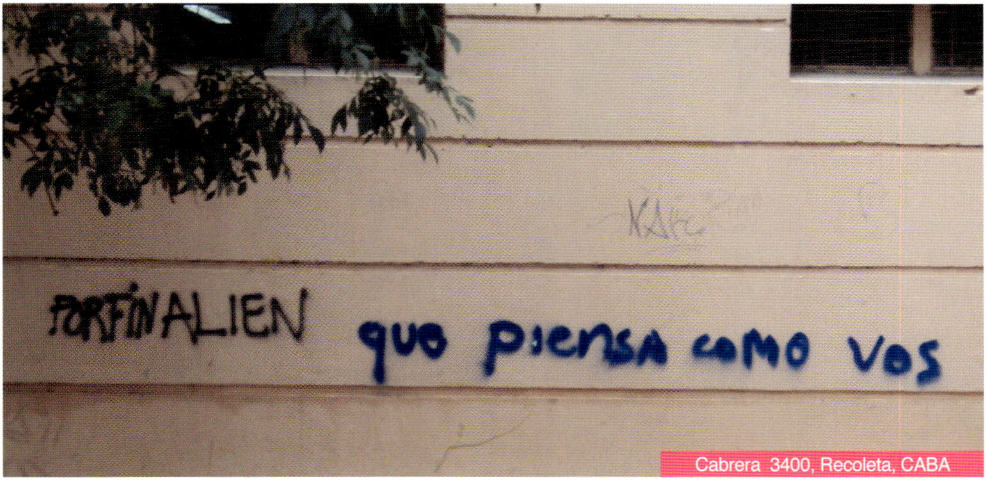

Cabrera 3400, Recoleta, CABA

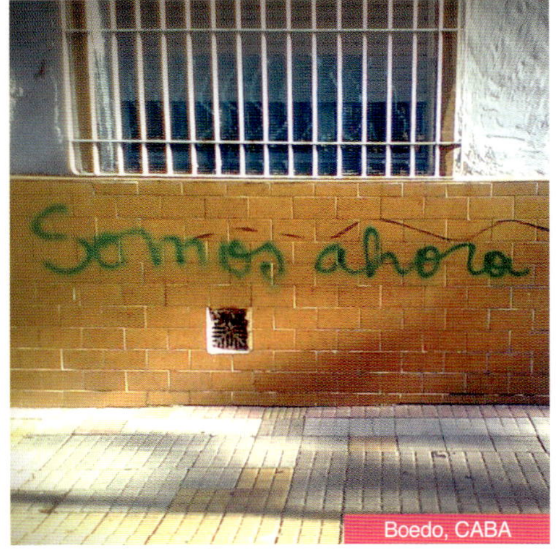

Boedo, CABA

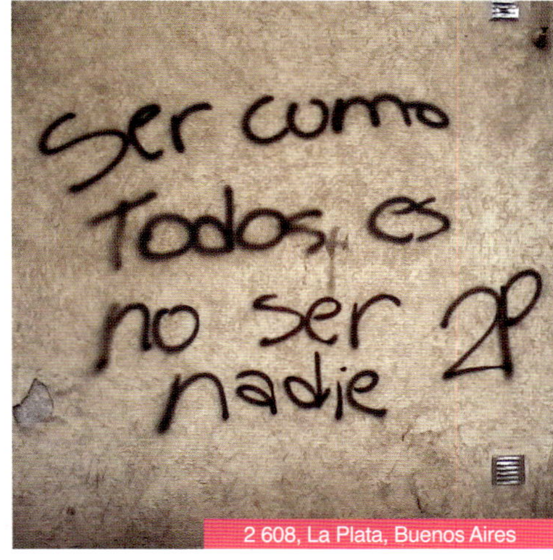

2 608, La Plata, Buenos Aires

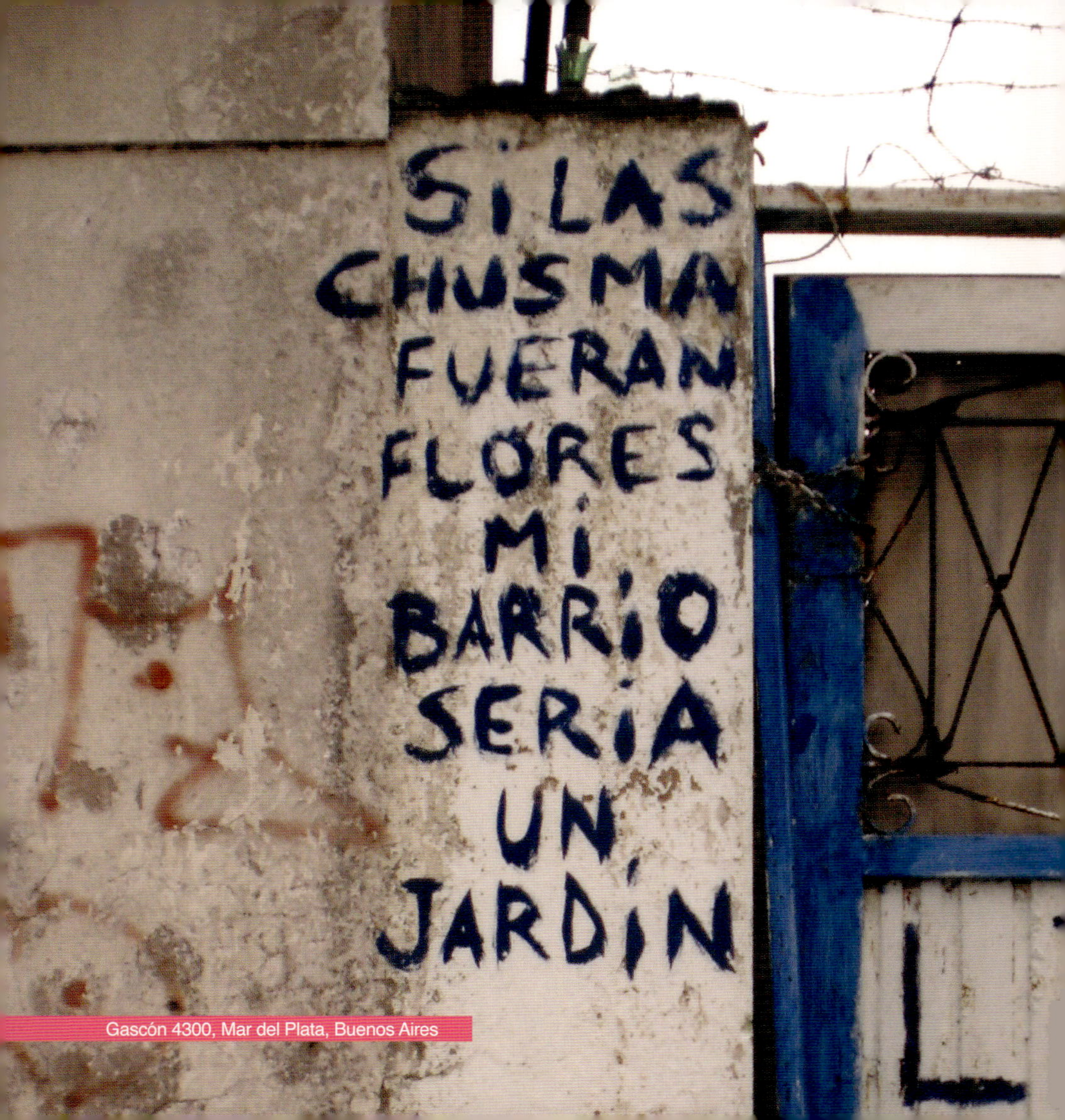

Gascón 4300, Mar del Plata, Buenos Aires

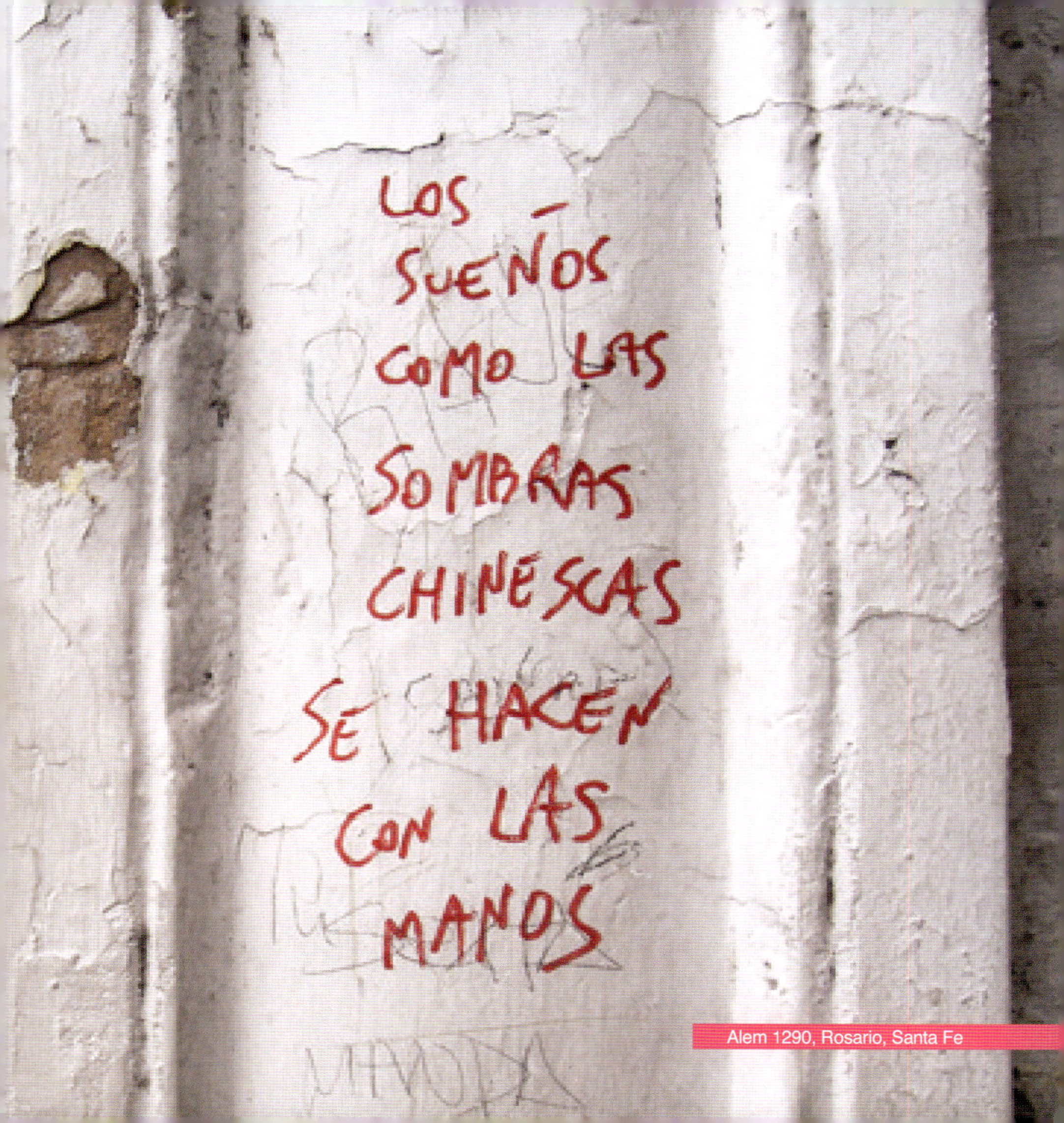

LOS
SUEÑOS
COMO LAS
SOMBRAS
CHINESCAS
SE HACEN
CON LAS
MANOS

Alem 1290, Rosario, Santa Fe

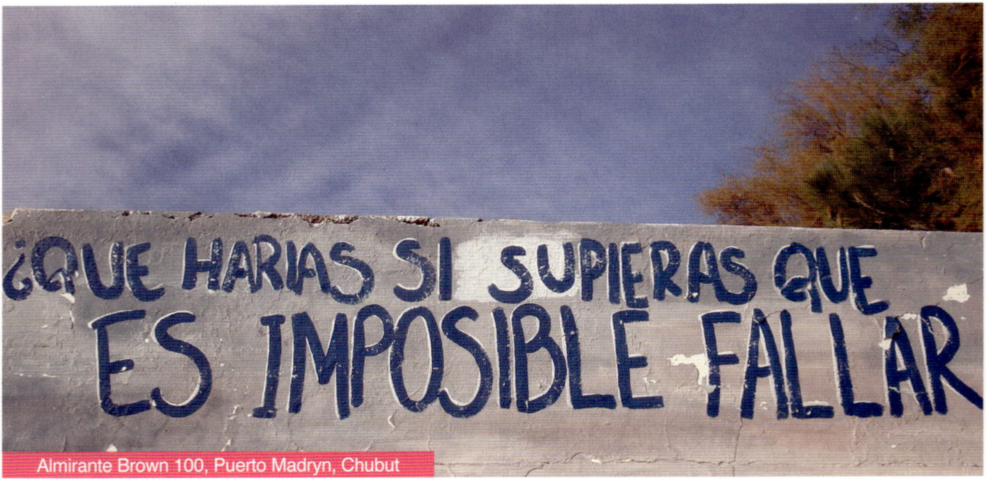

Almirante Brown 100, Puerto Madryn, Chubut

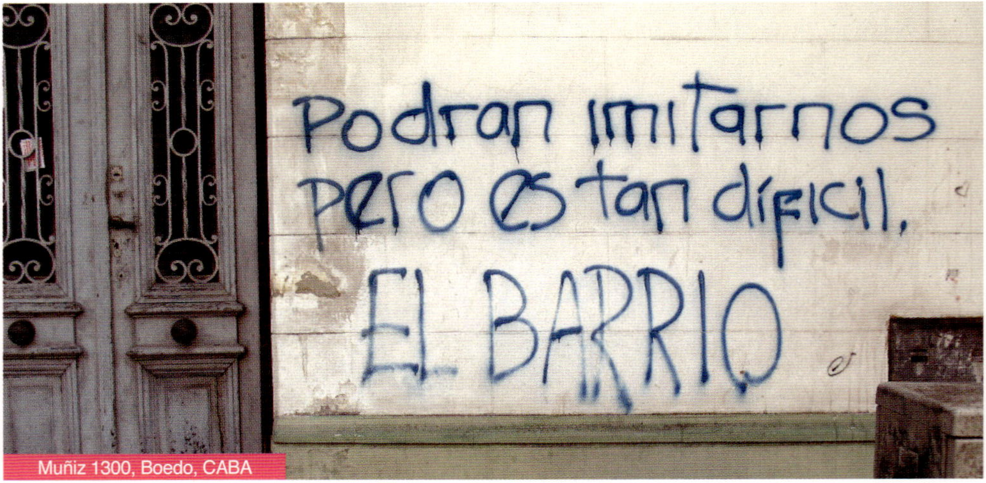

Muñiz 1300, Boedo, CABA

67 115, La Plata, Buenos Aires

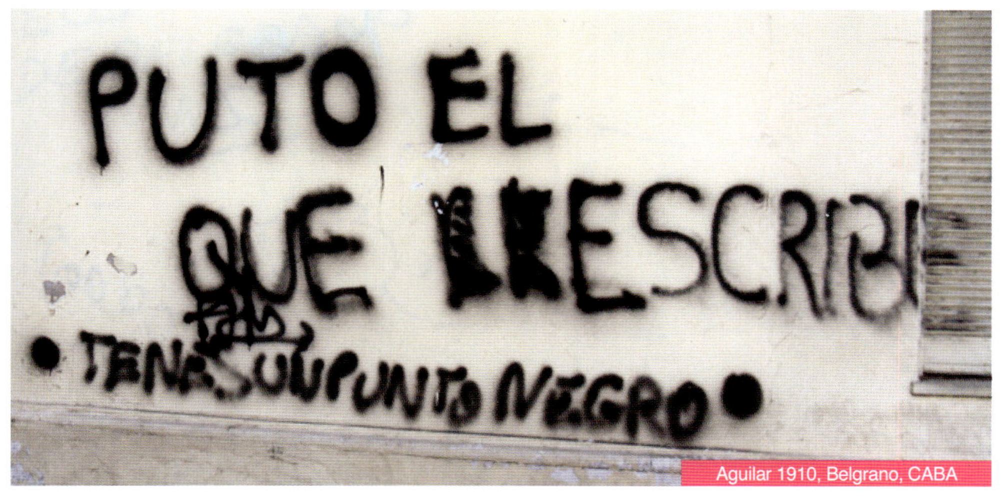

Aguilar 1910, Belgrano, CABA

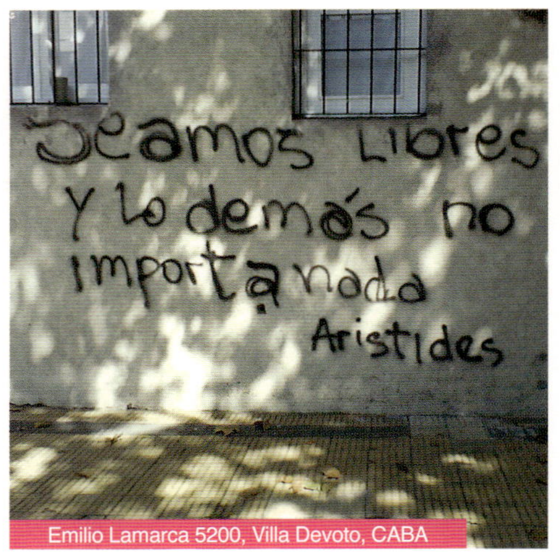

Emilio Lamarca 5200, Villa Devoto, CABA

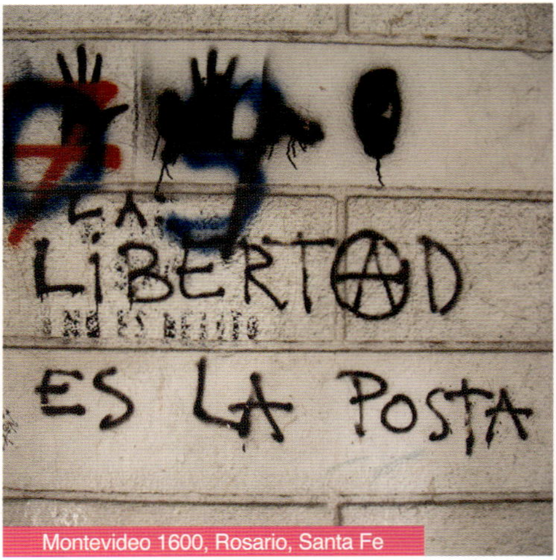

Montevideo 1600, Rosario, Santa Fe

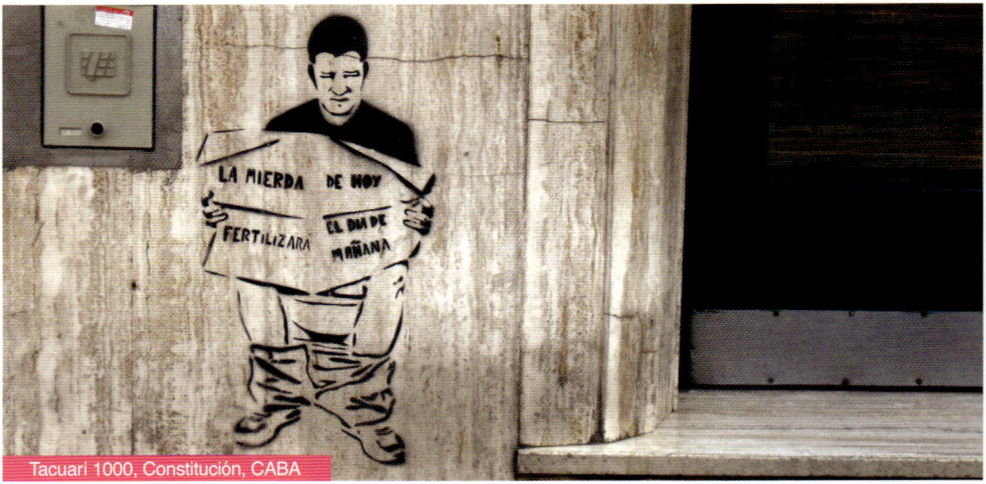

Tacuarí 1000, Constitución, CABA

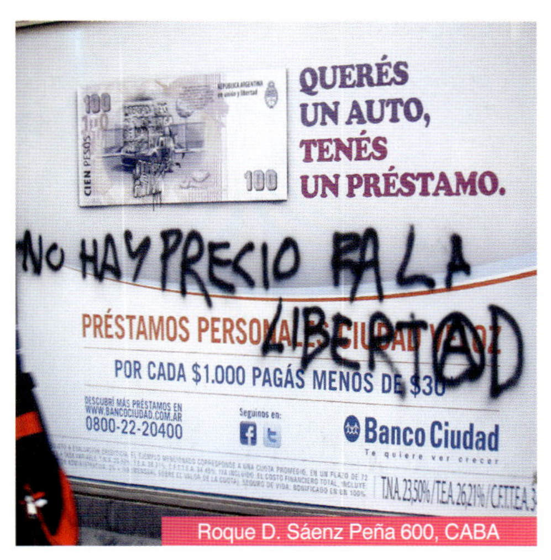

Roque D. Sáenz Peña 600, CABA

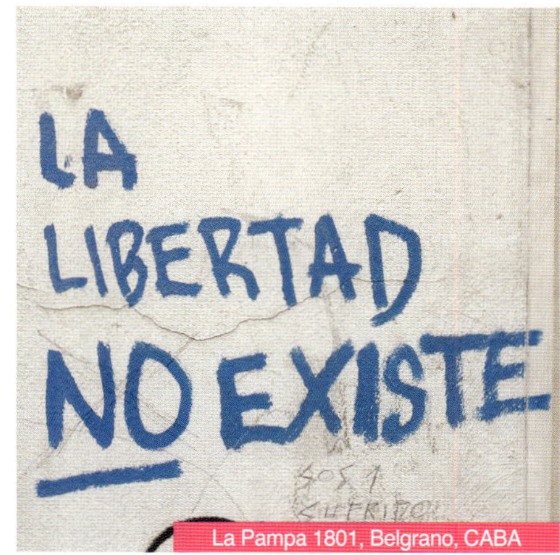

La Pampa 1801, Belgrano, CABA

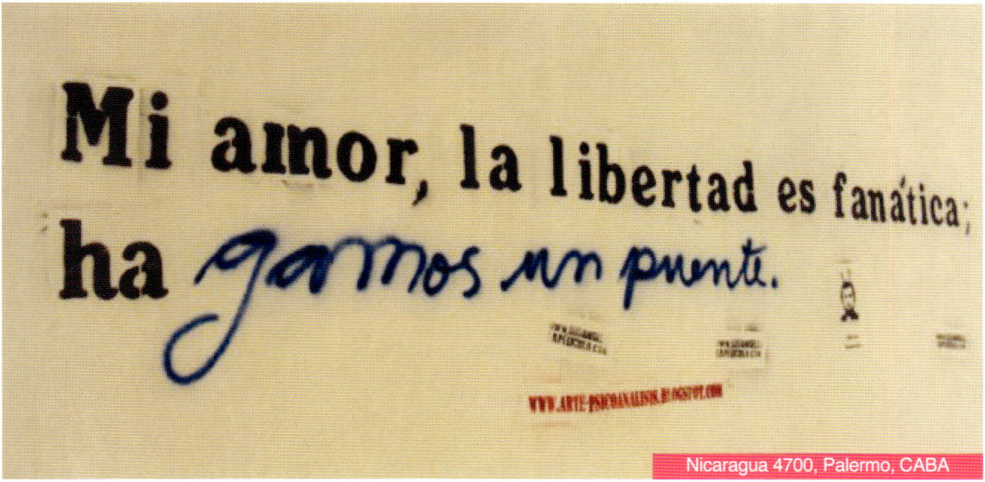

Nicaragua 4700, Palermo, CABA

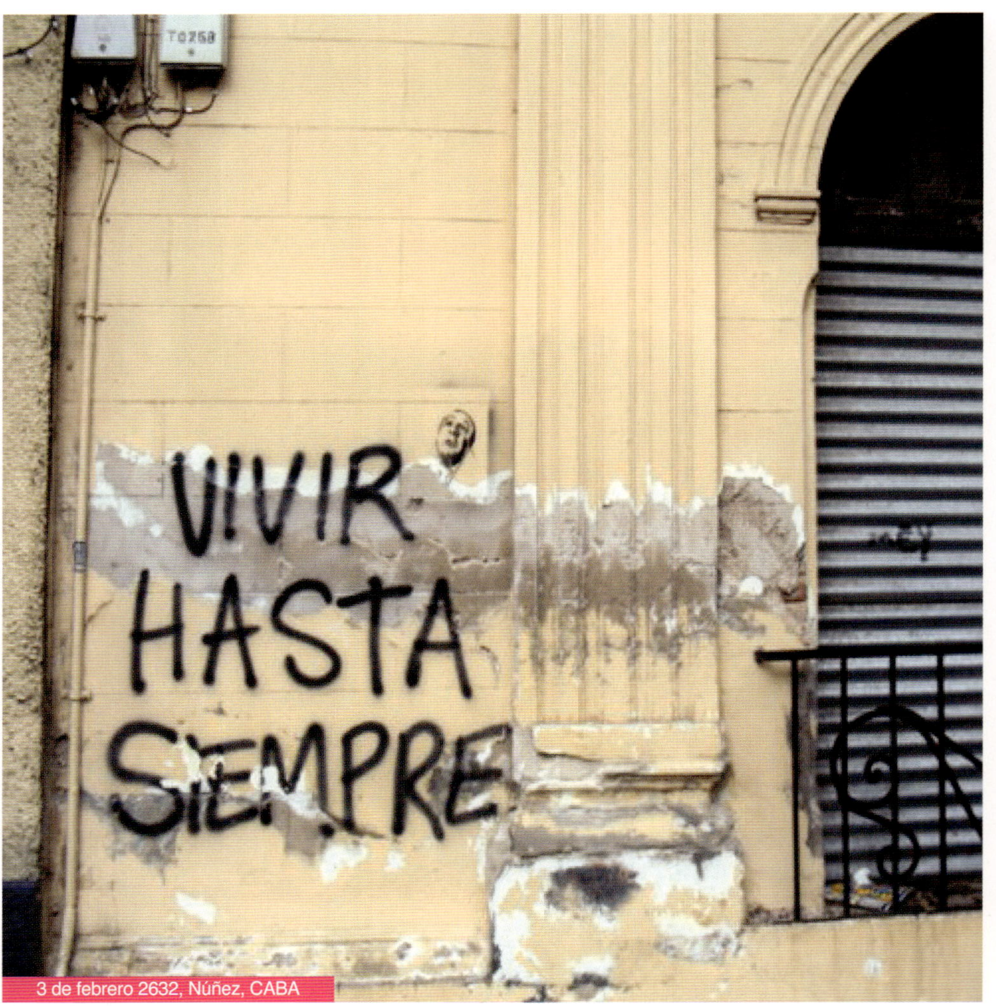

3 de febrero 2632, Núñez, CABA

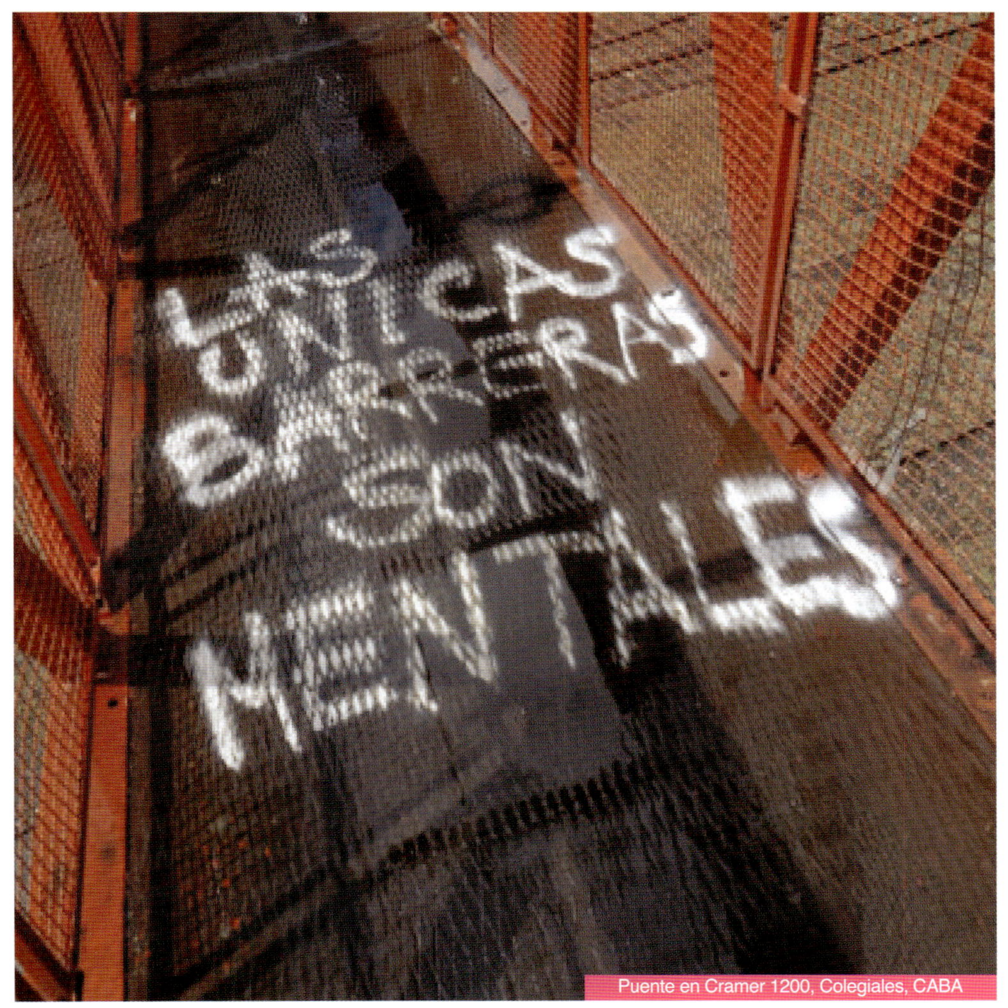

Puente en Cramer 1200, Colegiales, CABA

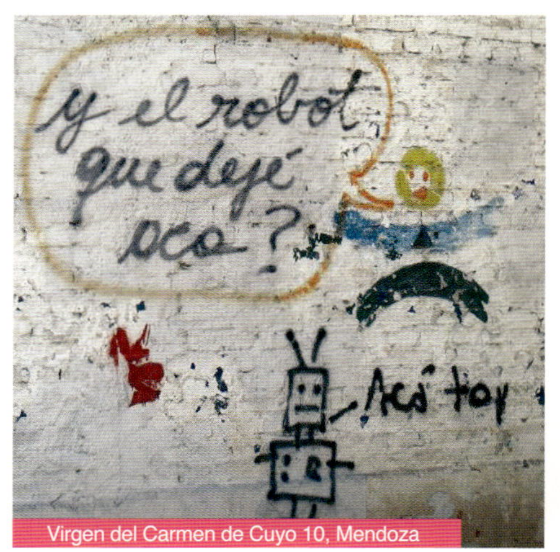

Virgen del Carmen de Cuyo 10, Mendoza

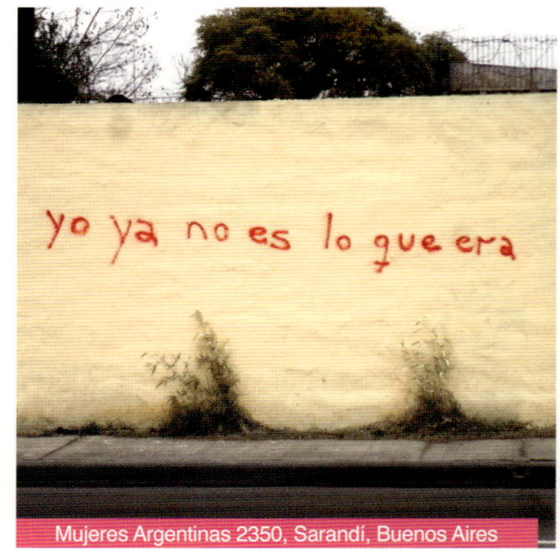

Mujeres Argentinas 2350, Sarandí, Buenos Aires

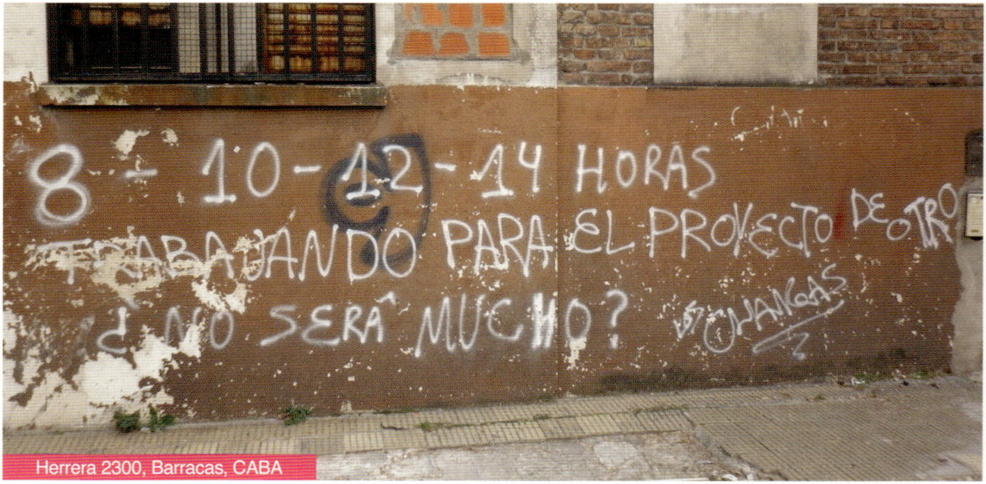

Herrera 2300, Barracas, CABA

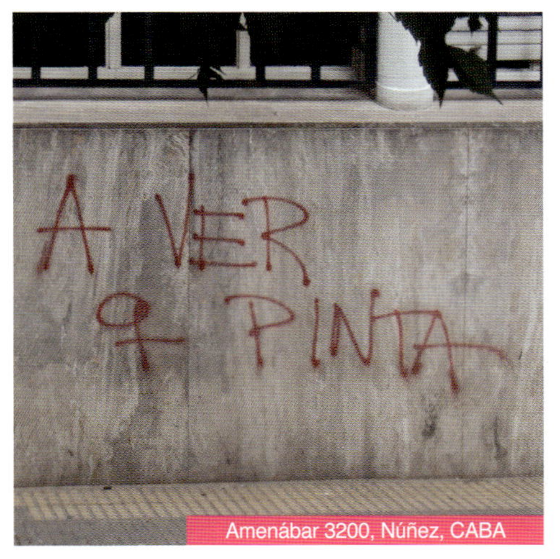

Amenábar 3200, Núñez, CABA

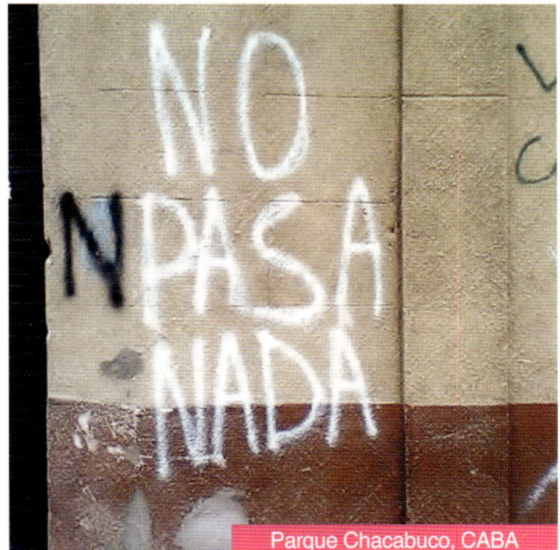

Parque Chacabuco, CABA

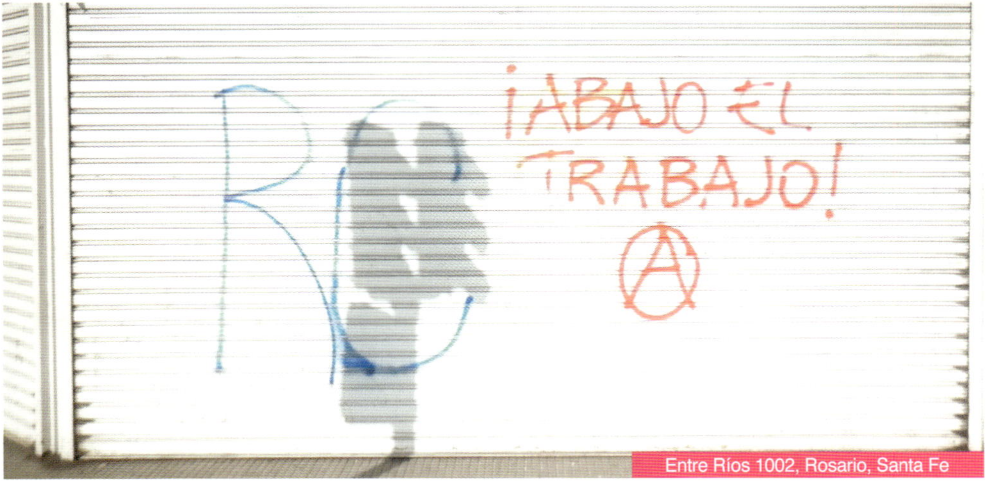

Entre Ríos 1002, Rosario, Santa Fe

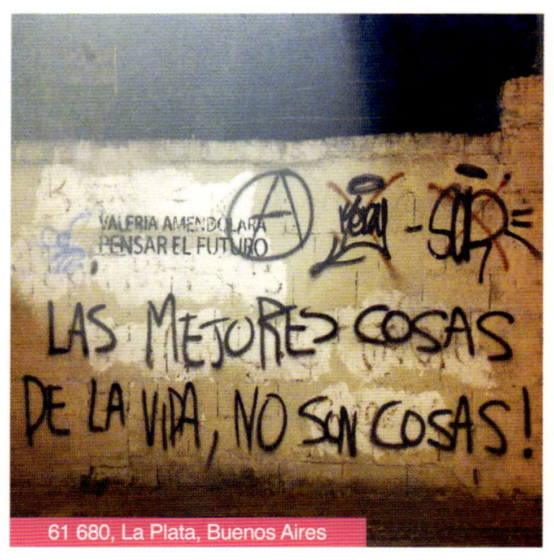

61 680, La Plata, Buenos Aires

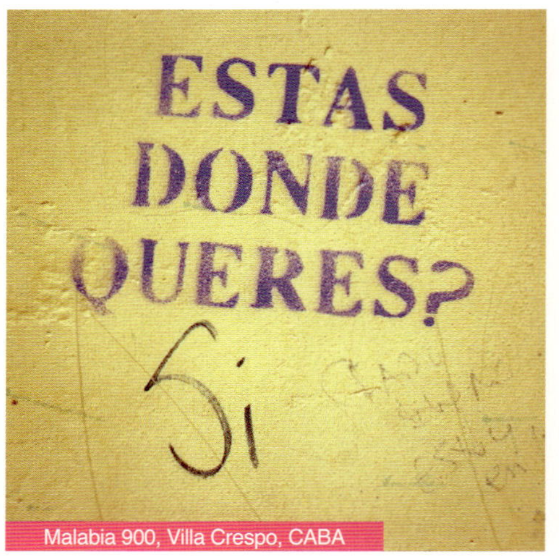

Malabia 900, Villa Crespo, CABA

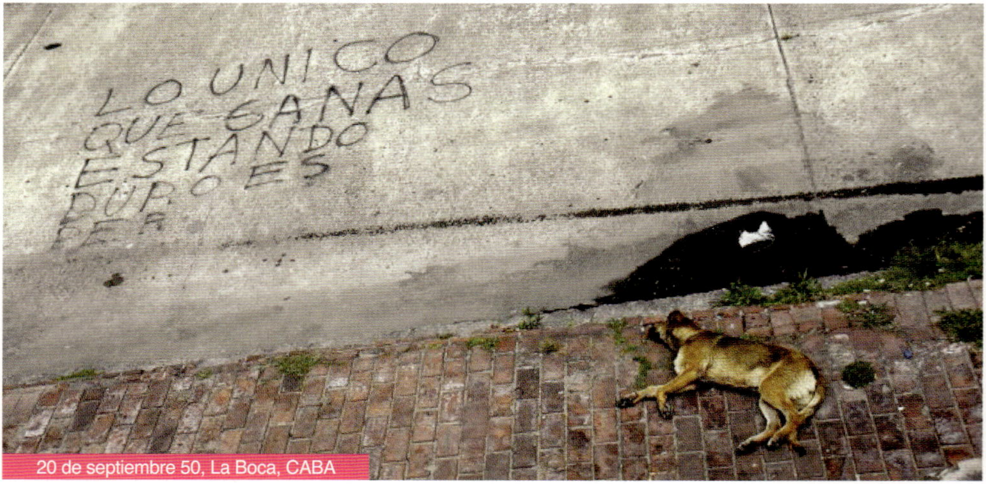

20 de septiembre 50, La Boca, CABA

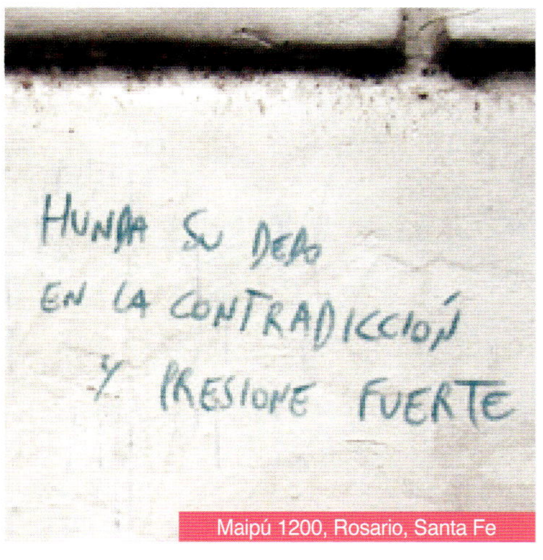

Maipú 1200, Rosario, Santa Fe

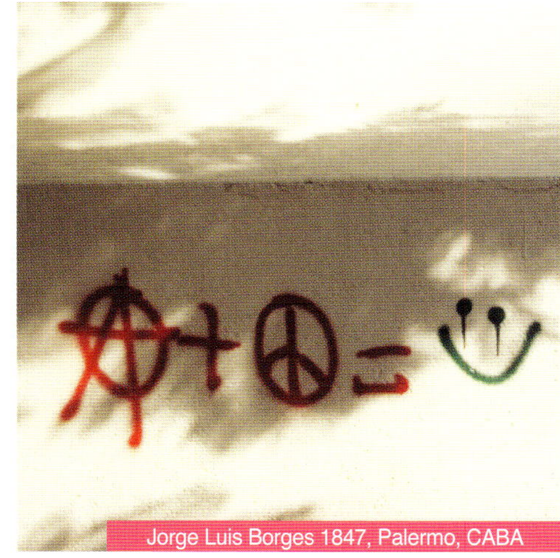
Jorge Luis Borges 1847, Palermo, CABA

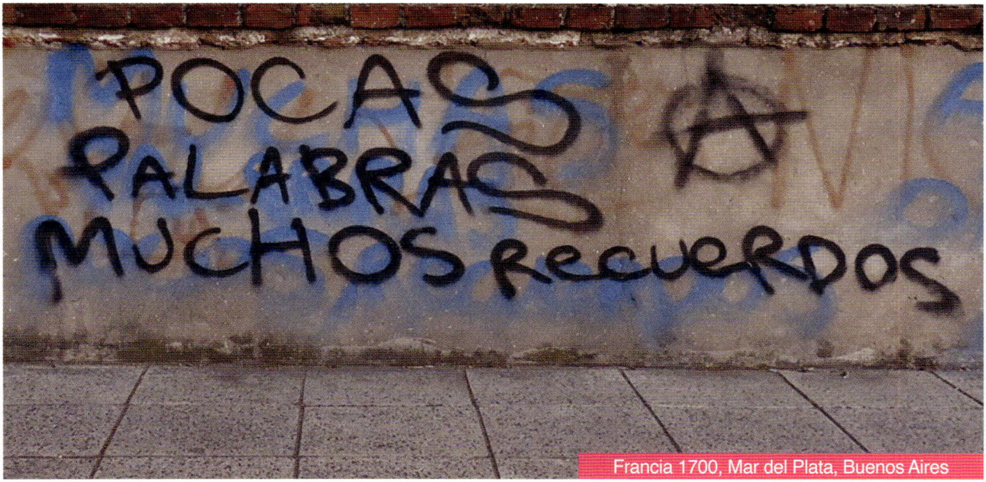

Francia 1700, Mar del Plata, Buenos Aires

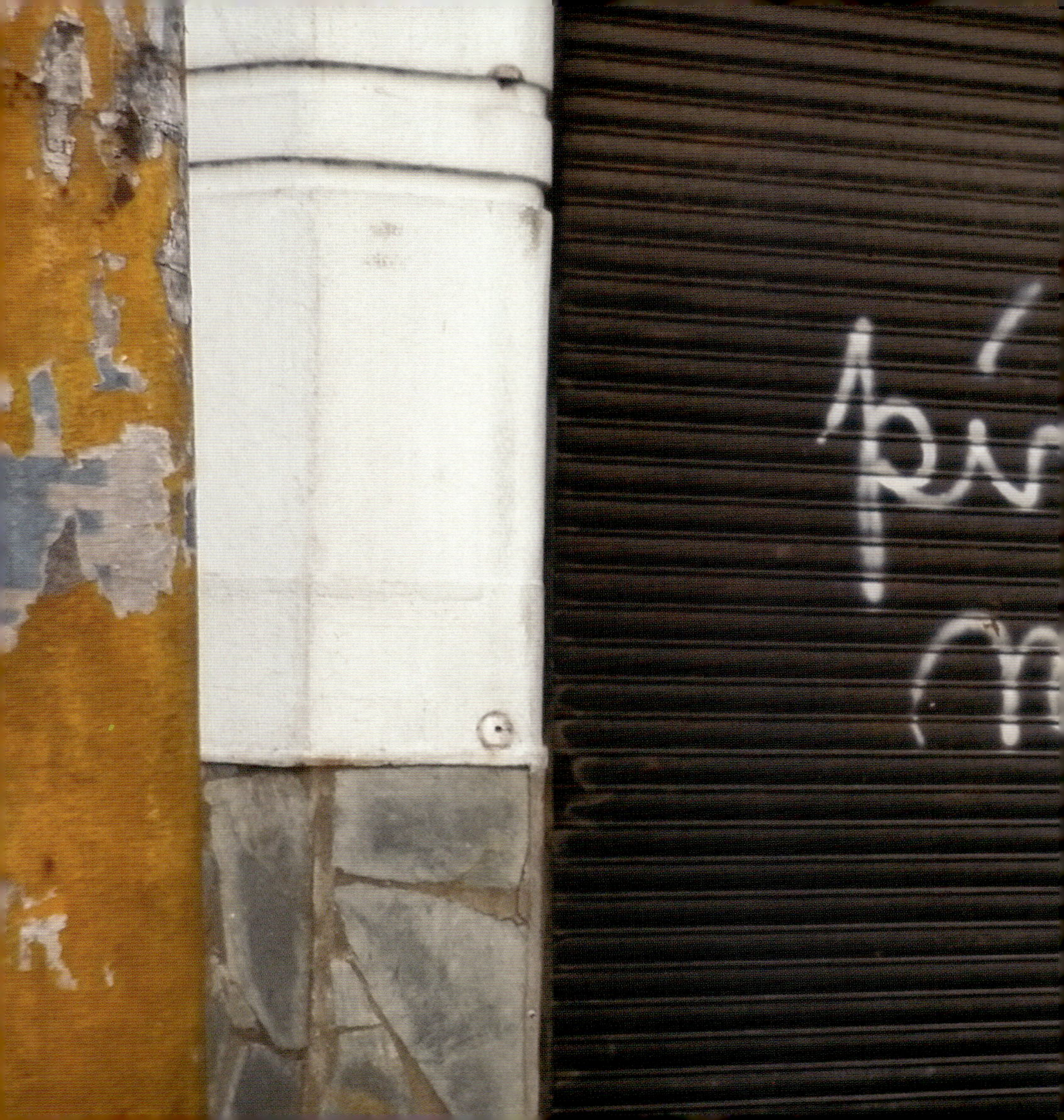

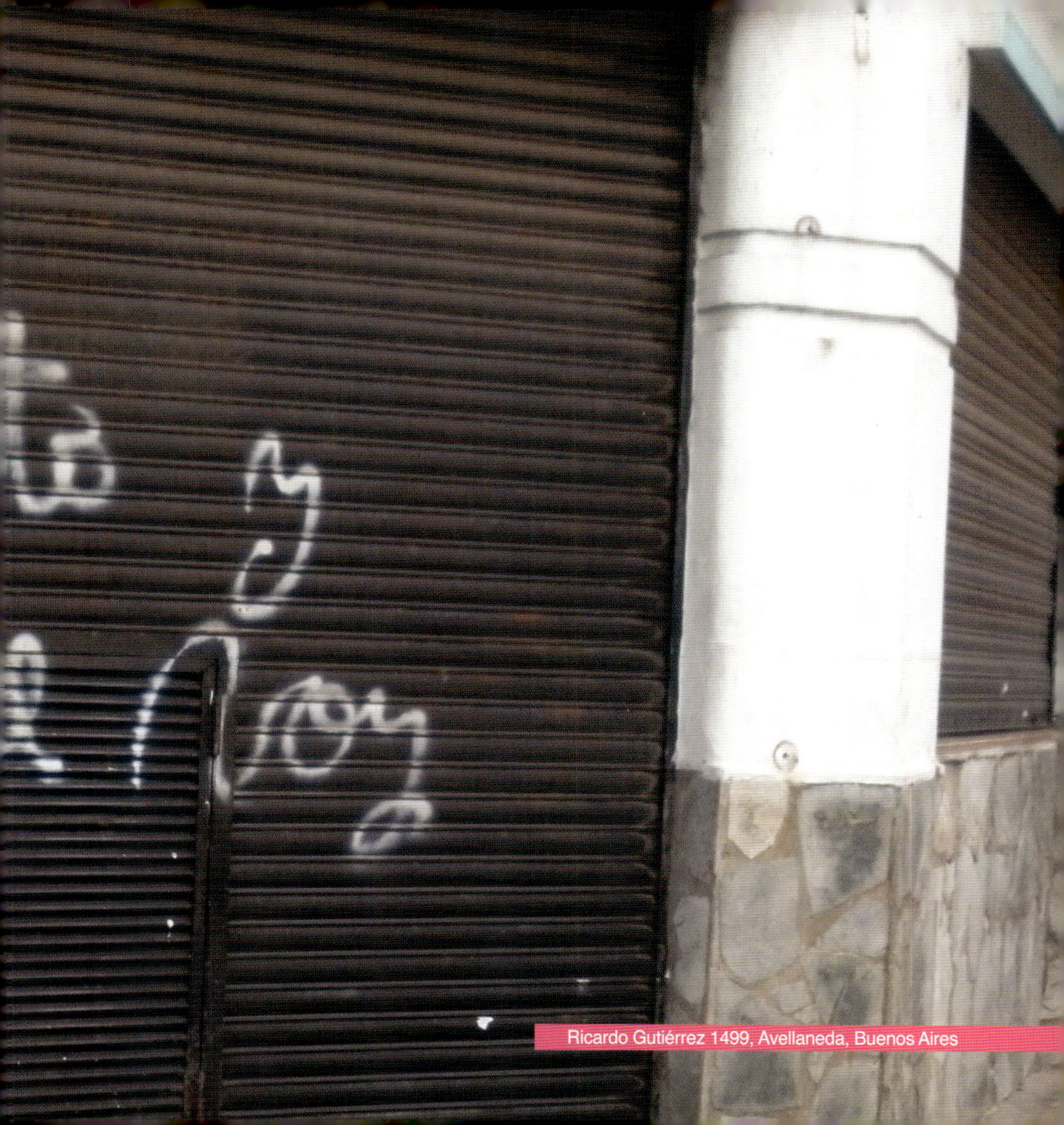

Ricardo Gutiérrez 1499, Avellaneda, Buenos Aires

WRITTEN ON THE STREETS

PROLOGUE

Graffiti, even the most rational ones, are always the result of a passion, an intensity that needs to be shown or told to everyone. Signed or anonymous, they represent the irrepressible wish to express and communicate oneself, many times taking the risk of being surprised *in fraganti*, with the paint still wet. And that adrenaline is an important element in these practices.

This book pays homage to all the people who go out writing and painting in the streets, to those who stop to watch, to those who register that casual, brief meeting with graffiti. It is an homage to all of us who live in this land sharing paths and leaving traces, and who, through graffiti, look at our cities through different eyes.

The road to this book and our interest in the topic began in 2002. First, there was a section in a digital literary magazine, Ñusléter **www.niusleter.com.ar**, where we published transcriptions of graffiti: phrases that readers wrote down (with the name of the street or neighborhood), and sent us by e-mail.

In 2009, that section became independent and we developed a website especially for that purpose: GRaFiTi **www.escritosenlacalle.com**, a collaborative platform enabling anyone to upload photos of graffiti and their location. The images in this book come from that collective archive: a selection from over 5000 pictures, sent by more than 500 people. This edition includes more than fifty professional and amateur photographers.

With the word 'graffiti' we mean to account for different expressions that share the fact of being painted in the streets. For the most part they are anonymous, many times made without authorization, and they include various techniques and aesthetics: writings, paintings, drawings, hip-hop, stencils, murals, street art, made with aerosol, latex, markers, stickers, glue and paper, and more. In making our selection, we paid attention to those graffiti that use the written word as a means of expression, that is, condensed forms of literature.

Like in any other topic that one investigates, there are pioneers, remote precedents and late finds, but many of the graffiti that our streets display today saw their beginnings with the return to democracy. During the early 80s, these paintings expressed relief associated with recovered liberties on the one hand, and the need to elaborate the horror and obscurity of the last dictatorship (1976-1983) on the other. Spray-paint was something new. And people could go out at night, the most propitious moment for a practice considered to be illegal. Then, graffiti were characterized by rock, counter-cultural aesthetics, critical thinking, popular humor and irony. On the walls, phrases proliferated: ideas or feelings wittily worded.

During the 90s with the globalization process, the new technologies of communication made way for more visual cultures. Also, many Argentine people traveled abroad due to the parity between the peso and the dollar, and opened the gates to new exchanges of influences. In a decade marked by design and the access to new means of production (computers, printers, the Internet), the use of stencils expanded. Graffiti inspired by writers from New York, related to the Hip Hop culture: tags, bombs and pieces, sophisticated signatures and drawings were mainly aimed at the community of those 'in the know'. Both styles (techniques) have something in common; they are based on reiteration, on repeating the same image or calligraphy many times, in different places.

After 2000 we saw a consolidation of different currents of street art. There were murals painted with latex, or made with layers of stencils, with defined palettes and strokes and huge works crafted by means of extension sticks, scaffolds or ladders. 'Characters' inspired by comics, in hallucinated situations appeared. Stylistic derivations ('post-graffiti') arose where the border between letter and drawing becomes blurred: signatures turn into geometrical figures, abstractions or pure combinations of forms and colors. Although they are preeminently pictorial, many of these pieces also include phrases or dedications.

Beyond these trends, the painted phrase with spray or marker is constant and never loses its vigor. A basic and effective form of expression, it is very accessible, one that doesn't require technical skill and not even correct spelling. Often there are quotes, but most of the texts remain anonymous. The words, the references and the 'hand-writings' change, but painted phrases maintain their capacity for moving us, stimulating imagination, broadening the senses...

Our selection privileged expressions that are most characteristic of local culture. We searched for the features of Argentine imagery and speech. We looked for signs and traces in football (soccer), in music, in politics, in native forms of expressing love, and in a wide variety of ideas and intuitions that we could call 'thinking'.

We believe this sample is representative of what is painted in our country. It is a record of our spoken language, a linguistic archive, a collection of calligraphy, of the images, ideas and feelings that take place in our streets. It is a plural view that gathers some scattered pages of the ongoing collective book that can be read on the walls.

We hope you enjoy it.

LOVE

Who has never felt that heady force and the overwhelming desire to share it with others, to make it public? The shape of the heart with two names inside may be the simplest synthesis of that complex feeling.

Love is a universal experience with very particular ways, and the graffiti it inspires are the most constant, no matter the place or time. In our country that charming abstraction takes on local color in terms of endearment (*Cosita linda/ pretty thing, Culito/Little bum*), in the use of 'vos' instead of 'tú' (*Sos lo mejor que me pasó en la vida/You're the best thing that happened in my life*) and in the expressions *Te amo* [I love you] as well as *Te quiero* [I want you].

A genre practiced early on in schoolrooms and on desks, love graffiti usually addresses someone in particular: it is a personal message. It may not be signed, but the name of the loved one is always present. The declaration of love often has a date, and the graffiti can last for years, even longer than the relationship. Love graffiti include promises, apologies, pain or expressions of spite, third persons, sexual wants, advice for lovers...

Aside from relationships, in love graffiti we can find the cults of family and friendship. As successors of the banners offering congratulations or love that used to cross the streets from side to side some years ago, today we find many painted messages addressed to relatives: parents that love their children, or happy birthday wishes signed by the whole family. In the graffiti between friends one can read thanks, jokes, advice... And there's a particular sub-group to honor those who have passed away.

Another kind of loving graffiti concentrates on the existential aspect of the matter. There are proposals and requests, like the recurrent motto *'Más amor por favor'* (More love please), born as an artistic project in San Pablo, Brazil. Some paintings express disbelief in moments of absence, *No creo en el amor* (I don't believe in love)... or an unconditional faith in that power, *Sólo el amor salvará al mundo* (Only love will save the world). And phrases that mean to define it: *Love is...* There are everlasting love stories, and others that last less than a painting; all of them are as changing as the walls on which they are written.

MUSIC

Musical graffiti are strongly linked to rock culture. Rock and graffiti have formed a classical duet since the 80s, when the return to democracy coincided with the boom of FM radios. One of the most frequent forms, born then and still in use, is to write the name of the idol or admired band with spray-paint: the street expression of the cult of rock stars. Another variant is a search for promotion by bands that are just starting out, and painting their name on walls and shop shutters is a home-made advertising campaign that also makes use of stickers, fanzines and flyers for upcoming shows fixed with wheat-paste.

Band names have always been among the most widespread graffiti. At first sight they may sound like enigmatic phrases, but many times a musical style makes it clear what they are about: ska, reggae, hardcore... Another kind of painting, instead of promoting a group or soloist, celebrates a genre, the tribe that moves with certain rhythms and sounds: *Menos mal que nos queda el metal* (Luckily we still have heavy metal). *Sexo, drogas y punk rock* (Sex and drugs and punk rock).

During the '90s, with the boom of design and access to computers, printers and the Internet, the cult of national and foreign icons as well as promotional campaigns incorporated stencils, which resulted in an increase in the presence of logos and fonts to reinforce bands' identity. Another novelty at that time was that besides the traditional graffiti of rock, heavy metal and punk, paintings about *cumbia* appeared, perhaps as an echo of the peak of *bailantas* (cumbia dancing discos) and tropical bands on TV.

Many of the musical paintings quote choruses or lines from song lyrics. They come mainly from Argentine rock; examples from folklore or tango are scarce. One can also read foreign songs, many of them in English, and some that are translated. Thus, song graffiti write down what has come through the air, over the radio, the TV, at a party, or *guitarreada* (fireside guitar jam and sing-along). Occasionally, a G-clef or an eighth note gives us a clue that the text has music. When reading it, one can usually recognize who plays that tune, but may not always know who wrote the lyrics, and the author becomes a little anonymous: what is sure is that someone liked it enough to go out and paint it. And the same song can appear in different neighborhoods and cities.

Lastly, thanks to the impetus of street art and some official initiatives to make a place for it in public spaces, one can see big murals in tribute to popular music figures, such as Pappo, Sandro, Piazzolla, Luca Prodan, Charly García, Spinetta, Indio Solari, etc. On many corners passers-by can also find more rustic portraits of these and other idols. Fans usually add quotes or phrases of love and devotion, but in these cases the interventions are not considered vandalism: they are part of a ritual.

Beyond figures, styles or the search for fame, other kinds of musical graffiti directly celebrate the existence of music itself. Or simply, as a wall reads: *La vida sin música es una mierda* (Life without music is shit).

POLITICS

Political graffiti has a long tradition in our country. Throughout Argentine History, struggles and social tensions have shown correlations on the walls. A famous example of graffiti was written by President Sarmiento on a stone: '*Men can be beheaded; but not ideas*'; there were anarchist and socialist immigrants paintings at the outset of the 20th century; Mexican artist David Siqueiros' visit spread stencils during the 30s; workers and students painted slogans during the Cordobazo (popular revolt in Córdoba city; previous to Paris May 1968); and pro-democracy graffiti appeared in the early 80s; these constitute some of the milestones in the evolving relationship between graffiti and politics.

The act of painting in the streets (especially without permission) means a challenging attitude towards authority, a defense of free expression, a position taken regarding the use of public spaces, and it offers an economical and popular way to spread ideas that have no place in mass media. A classical graffiti reads: *The press is theirs; the walls are ours.*

It isn't strange that most paintings correspond to revolutionary ideas, although certain nationalist or ultra-religious stencils constitute an exception. Whatever hands they come from, political graffiti rarely support the *status quo*: nobody writes *in favor* of the system. Undoubtedly, the people who most often paint are those who participate in political parties, social, environmental, or anarchist organizations, groups for gender equity, etcetera. Many times, graffiti expressing positions and proposals about hot issues is simultaneous with the political agenda and parliamentary debates:

mass media law, marriage equality, legalization of abortion or drug consumption, among others.

On the walls one can find quotes, slogans and stencils of historical figures such as San Martín, Sarmiento, Juan Domingo Perón, Che Guevara, and more. And of course, contemporary politicians have their place too, often accompanied by insults, accusations or ironical darts.

Most of the graffiti we've compiled date from the last fifteen years. There are some from December 2001: one can read words born at that moment, such as 'cacerolazo' [casserole protest] or 'cartoneros' [cardboard recyclers], and phrases that were popular slogans: *Que se vayan todos* ['Out with them all!', referred to politicians].

Within political parties' paintings, Kirchner supporters have understood that graffiti are a means of communication every bit as powerful as mass media or social networks. It's not just the typical electoral painting with candidates' names and slogans on a wall whitewashed with lime, but spray-paint freehand writings. To the slogans, written in the heat of the political agenda, they've added stencils with pictures of a penguin [The Kirchners come from Patagonia] and Oesterheld's Eternauta [popular comic hero] with Néstor Kirchner's face, among other designs.

Repression is also a frequent topic in political graffiti. Some refer to the last dictatorship, as do a series of stencils with the phrase *Nunca más* [Never more], that reproduce the cover of the book with the same name. Others claim for justice and/or honor activists murdered or missing in democracy, such as Kostecki and Santillán, Julio López or Mariano Ferreyra, to name just a few. Among different forces of repression, the police are by far the institution that receives the most paintings against it. Anti-police graffiti include different names in slang (*ratis, yuta, botón...*) and qualifiers such as murderer or bribe-taker.

In times of election campaigns a particular phenomenon occurs. Interventions on candidates posters and paintings question or ridicule campaign slogans: they are intervened with clown's noses, mustaches, they are crossed out, or some words are changed or added. Besides, an arsenal of anarchist phrases is deployed to point out distrust in voting or 'choosing' in a representative democracy. *Votar no cambia nada, pintar paredes tampoco* [Voting changes nothing; neither does painting walls].

FOOTBALL

Football (or soccer) is the national sport and it's omnipresent in our daily lives. We live it as players or as supporters, in the stadiums, in matches among friends, or through the media, we wear it in our everyday clothes. It is an inevitable topic of conversation at work or among neighbors, the result of matches can define the mood for the whole week, as well as the possibility of teasing others or getting teased. Obviously, such passion moves onto the walls.

The most basic expression consists in painting the name, nickname, or emblem of one's club. Generally, we can recognize two kinds of paintings: in the former, the fan addresses his own team in second person (*Hoy te quiero más /*

Today I love you more), and in the latter, he tells other people about his passion (*Con Alva soy rico gratis* / With Alva I'm rich for free).

Another example of classical football graffiti are insults to rivals, plentiful in wit and malice: trapo fácil, manda yuta ['easy rag', meaning 'it's easy to steal their flags' / 'police-caller', meaning 'cowards']. There, the difference between how a team refers to itself and how others do can be clearly seen. For instance, 'Millionaires' and *'Xeneizes'*, or 'Gallinas' [Chickens] and 'Bosteros' [Dung removers] for the River Plate and Boca Juniors teams, respectively.

Some clubs have fans all over the country, but local competition divides some neighborhoods or cities in two, like Avellaneda between Racing Club and Independiente, or La Plata city with Estudiantes and Gimnasia. In this selection, the most eloquent case is located in Rosario, where the rivalry between Newell's Old Boys and Rosario Central colors the streets in hot exchanges. Walls, gates, shop shutters, curbs and traffic signals are painted and re-painted in red and black, or blue and yellow. They refer to themselves as 'Leprosos' [Lepers] and 'Canallas' [Rotten], but call each other 'Pecho frío' [Cold chest] and 'Sin aliento' [No encouragement] (abbreviated, *Pecho* and *Sina*), and represent one another with a penguin and with a loudspeaker. Interactions are constant: covering over, crossing out, adding something, replying back and forth all the time...

Becoming a fan of a team means belonging to a tribe, and football paintings are territorial markers, like dogs peeing [marking trees]. Around the stadiums, there are corners taken by team colors, emblems, the jerseys of the club, fragments of songs, idols or fans remembered 'forever in the hearts of the band'... Also, there appear more elaborated murals, charged with symbols: the names or numbers that the bands choose for themselves (Player #12, the Band of the Snowed Cigar...) accompanied by marginal signs, such as five dots [representing four thieves surrounding a cop in prison], pistols, knives, the rival's coffin or gravestone, a marihuana leaf, a bottle of wine or beer, and other ingredients of the fans' *aguante* [support/endurance].

Above and beyond all these differences, there's the National Team. The Argentine jersey has become as representative of our Nation as the National Flag, and the players who have worn it gloriously have become heroes. Maradona has transformed 'The number 10' into 'D10S' [God], and his presence on the walls covers all formats: from spontaneous affection expressed with a marker or spray paint to delicate designs with stencils, or murals with historical postcards. Perhaps due to the fact that his career developed mainly in Spain, Lío Messi's name and image still appear timidly in our streets.

THINKING

Although some idea is asserted in all graffiti, under the heading of 'thinking', we gather together those graffiti that express intuitions, reflections, doubt, epiphanies... condensed ways of perceiving, thinking or imagining the world. Sometimes, ideas are shared in phrases or in drawings, and in some cases they come up in the combination of text and image.

In their most archetypical version, thinking graffiti are offered up as philosophical or poetic maxims. One of its characteristics is the use of the verb 'to be' to introduce definitions, metaphors and comparisons ('*Dreams* are *like Chinese shadows...*'). Usually they resemble written language more than the spoken word: the use of *tú* (instead of *vos* [you]) or verb tenses infrequent in everyday discourse (*seremos* / 'we shall be'), with a more 'literary' or 'cultured' vocabulary, as if graffiti had became grandiloquent. Some are exact quotes from books, songs, famous phrases, proverbs...

Thoughts can be also worded as questions, now rhetorical, now real forms of questioning to broaden the senses. Other times, sparks of humor appeal to the absurd, or challenge rationality and common sense with wild dreams or paradoxes that shake up the mind's usual habits. One can also see phrases or enigmatic figures that provoke smiles or puzzlement, perhaps inside jokes among those who painted them.

Many graffiti are presented as proposals, with imperatives that can to be more or less kind. As is the case in advertising, omnipresent in public spaces, the walls tell you what you have to do, although by way of different suggestions. Ideas about life conditions, generally with anti-capitalist messages, that urge us to adopt alternative lifestyles as regards our world vision, consumption, sexuality, etc... Besides, there exists an entire branch of counter-advertising graffiti: interventions on banners (phrases, paintings, collage) that alter messages, as well as logos or slogans remixed to generate different meanings, which is the case of many stencils.

The combination of text and image (drawings, typography, icons or emoticons) often alters the significance that the words would have separately, and produces contrasts, ironies and new meanings. Besides, there are also graphic jokes that express purely visual thoughts. And the context can also affect the meaning of the graffiti or suggest certain interpretations: like an 'A' for anarchy on the wall of a church.

Of all these topics, identity is one of the most recurrent. Who am I, who are you, who are we? There are phrases that raise uncertainty among readers, set out a categorical truth, or propose things to be a certain way. Thus, we come across different and uncertain forms of 'us', in which one may or may not be included.

Other existential questions that people often paint about are liberty, reality, life and death, the act of thinking itself, and different forms of faith, the divine and the sacred. In mystical graffiti, God and Jesus appear frequently, but there's also room for other religions and beliefs.

A particular sub-group is that of self-referential graffiti, in which the practice becomes the topic: graffiti about graffiti. These messages among colleagues refer to the act of painting, name the materials (wall, spray, paint), salute painters, and are a call to action.

A remarkable thing happens when graffiti remain unfinished or are completed later. Either because the person had to flee, or ran out of paint, or the phrase didn't fit the chosen space, we can read graffiti that are missing a word or syllable and so invite us to complete the message. Sometimes the same people do return to finish their work, and one notices two different moments of painting; and on some occasions, other hands write what is missing or change its meaning. That's what happens with many cross-outs, amendments, substitutions or additions.

One can also find successions of phrases, written by several different people that generate little dialogues: questions and answers, explanations or comments that emerge from one initial graffiti. The participants can be distinguished by different calligraphy, techniques or colors. Beyond the tone of the exchanges, on the walls we can appreciate the curious phenomenon of communication between strangers, and the happy combinations of collective thinking.

CRÉDITOS

PRÓLOGO

Igual tarea, igual salario · Fernando Aíta
¿Habrá vida antes de la muerte? · Ana Laura Conde
La belleza está en tu cabeza · Bárbara Inés
Vino y asado · Gabriela Baldomir
Creer o reinventar · Fernando Aíta
Porro del Rico int. 2011 · Bárbara Inés
¿Arte o vandalismo?
Canto desde el fondo de las ruinas · Sidney Mann
Richard te love · Albano Nelo Manganelli
Prohibido fijar carteles. Pintar si se puede? Sí :D · Jimena Mendoza
$ · Fernando Aíta
Te quiero de todas las formas · Fernando Aíta
Power Rollinga! · Fermín
Enano y Tito · Fermín
OFERTA No gaste más queriendo ser otro otro otro Ahorre ya Sea usted mismo · Fernando Aíta
Life is life... lalala · Vómito Attack
Eres lo que crees
Sexo, drogas y punk rock · Fernando Aíta
El arte de no querer venderte nada · Ana Encabo
Bañate, necesitás una mina · Gabriela Baldomir
Que se vayan todos
Hija te amo · Alejandro Güerri
Centenario metallico · mauroliver
Lo megor de mi vida eres tu Te amo Nehuen · Fernando Aíta
De eso tan bueno no dan tanto · Fabricio Caiazza - **11**

AMOR

Ama y ríe · Nahuel Valcarce - **12 -13**
Sos todo Te amo Perdón / Ñusléter - **14**
A mí me gustaría besarte en la calle · Claudia Fernández - **15**
Quiero hacerte feliz · Alejandro Güerri - **16**
En el amor y en tu cama todo vale! · Fernando Aíta
Amor! - **17**
Limón, ¿te casás conmigo? · Eladio Leonel Linares
Más amor por favor · Luciana Jasa - **18**
Te extraño en mente y cuerpo – Volvamos · Analía Pascaner - **19**
Lo esencial es el AMOR! · Sydney Mann
El amor es bailar!! · Jimena Mendoza - **20**
Viva la gente humilde... y los guisos de mi vieja! · Natalia Pintos
No dejes que la policía destruya tu amor · Melisa Angelozzi - **21**
Facu volvé que no te pego más. Patri · Analía Torres
Eugenia: extraño tus mails E. · Federico Merea - **22**
Tangerine, te parto en mil gajos · Diego Camarotta
Si vas a dejar de sonreír que sea para besarme · Fernanda M
Sólo el amor salvará al mundo - **23**
¿Te dije hoy que te quiero? · Fernanda M - **24**
No creo en el amor · Bárbara Inés - **25**
Beche te quiero en la cama · Fermín
Llévame al Paraíso de tu cama · Ignacio Cantisano
Mi Sofía, te amo. Marcos 31-3-10 · Valeria Galliso - **26**
Ale: te amo mucho. Tu hermana · Alejandro Güerri
Berta yo por vos muero. NN / Fermín
Si no hay amor que no haya nada · Gustavo Jaluf - **27**
Luli te amo Papá · Federico Merea - **28**
Volvé con tu novia, dejá los chizitos · Federico Merea
Corazón · Valeria Galliso
Hagas lo que hagas
Agus es mío · Fernando Aíta - **29**

MÚSICA

Beatles · Sebastián Vivarelli - **31**
No me escribas la pared · Gustavo Jaluf - **32 - 33**
Rock and Roll · Fernando Aíta - **34**
¡La vida sin música es una mierda! Sin droga también!! · Gustavo García - **35**
Punk not dead · Fernando Aíta
Ya no poses nena, todo eso es en vano! · Guido Balduzzi
Miren lo que este bicho logró al confiar en sus sueños · Fernando Aíta - **36**
¡Cómo no sentirme así! · Alejandro Güerri
Dame un poquito de amor no quiero un toco! · Fernando Aíta
Qué hora son mi corazón? · Fernando Aíta - **37**
De los laberintos se sale sólo por arriba · Fernando Aíta - **38 - 39**
Soda Stereo - **40**
Nuestro amo juega al esclavo · Fernando Aíta
Siguiendo la luna · Nahuel Valcarce - **41**
La rapsodia de los que decoran el tiempo · Valeria Galliso - **42**
Colo la piba quieren chacha! · Alejandro Güerri
Sean eternos los laureles - Habla del faaaso! · Fermín - **43**

POLÍTICA

FÚTBOL

PENSAMIENTO

Todas las fotos sin autor fueron sacadas por el equipo de GRaFiTi.
www.escritosenlacalle.com

AGRADECIMIENTOS

Muchas gracias a Alix de La Barrière, Tamara Stuby, Roberta Cristina Silva Oliveira, Lisandro Aldegani, Nati Maskin, Dante Lucadamo, Paz Diano, Verónica Gomez, Ryu Giovinazzi y a todas las personas que mandaron sus grafitis.

OTROS TÍTULOS

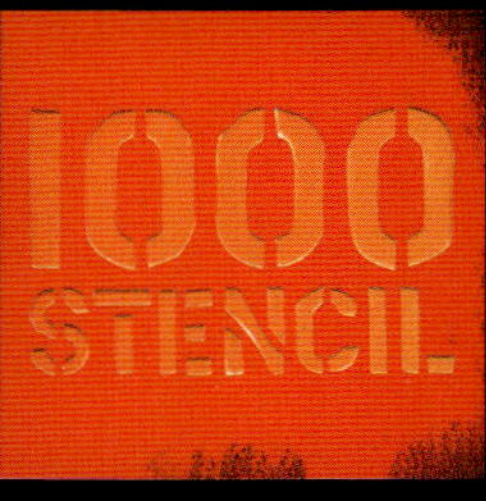

1000 stencil
Guido Indij
ISBN 978-950-889-164-8
240 pp.

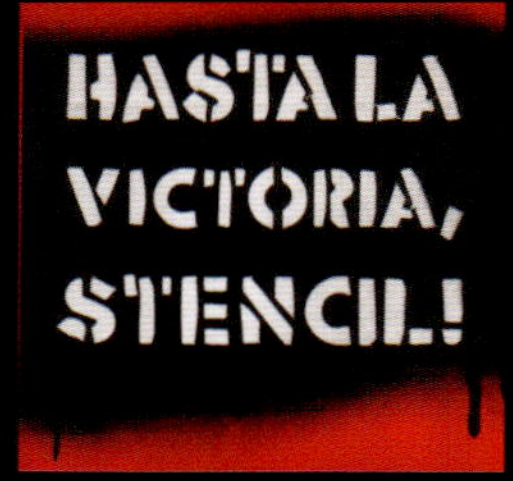

Hasta la Victoria, Stencil!
Guido Indij
ISBN 978-950-889-085-6
240 pp.

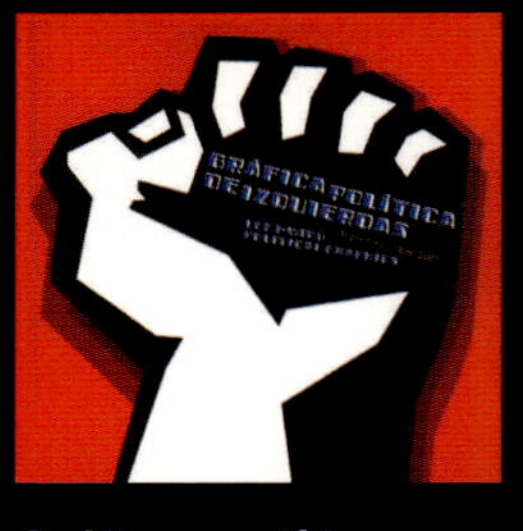

Gráficas políticas de izquierda
Guido Indij
ISBN 978-950-889-150-1
240 pp.

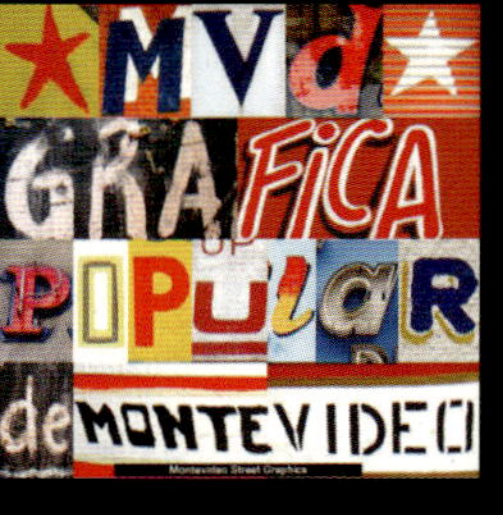

MVD. Gráfica popular de Montevideo
Guido Indij
ISBN 978-950-889-147-1
120 pp.

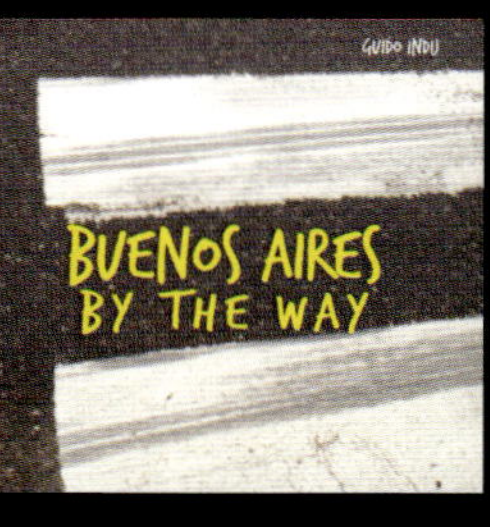

Buenos Aires by the Way
Guido Indij
ISBN 978-950-889-276-8
256 pp.

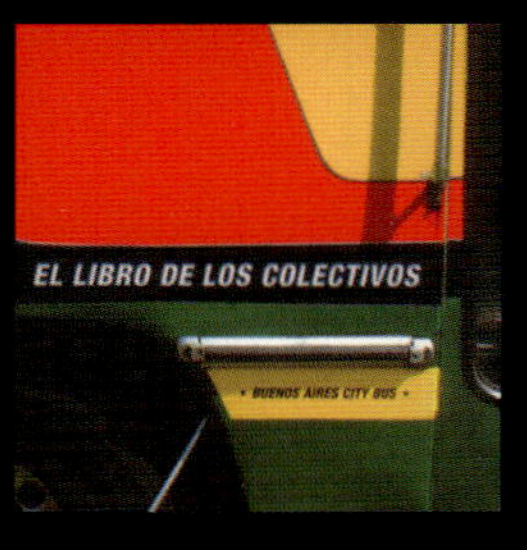

El libro de los colectivos
ISBN 978-950-889-114-3
240 pp.

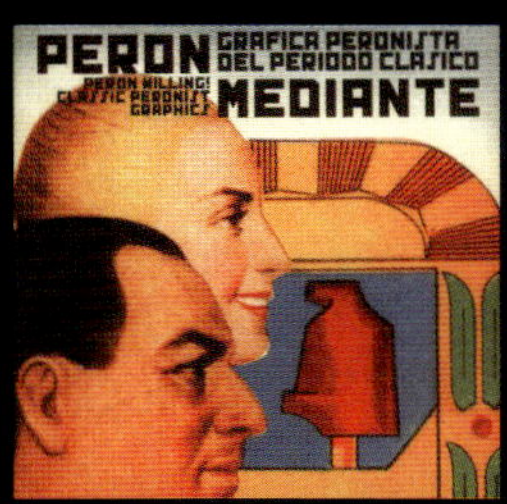

Perón mediante
Guido Indij
ISBN 978-950-889-136-5
240 pp.

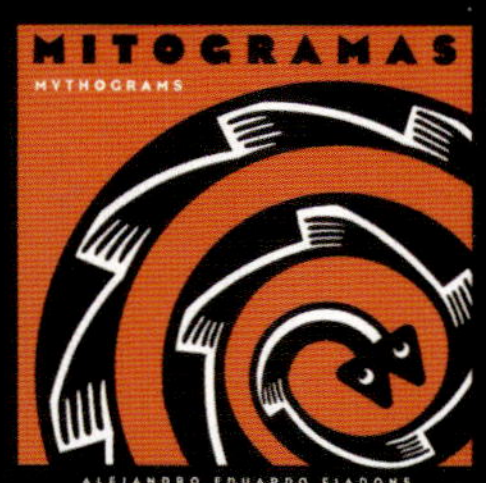

Mitogramas
Alejandro E. Fiadone
ISBN 978-950-889-113-6
240 pp.

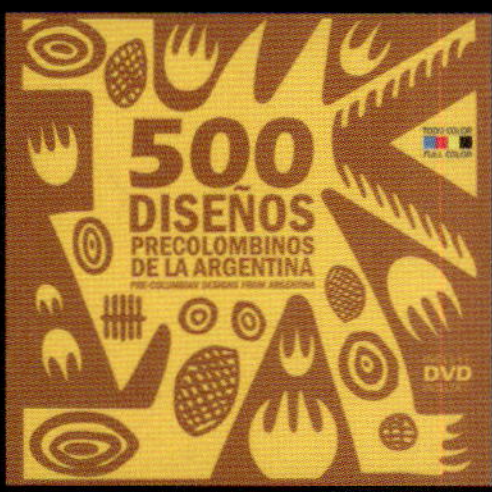

500 diseños precolombinos de la Argentina
Alejandro E. Fiadone
ISBN 978-950-889-181-5
232 pp. (+ DVD)

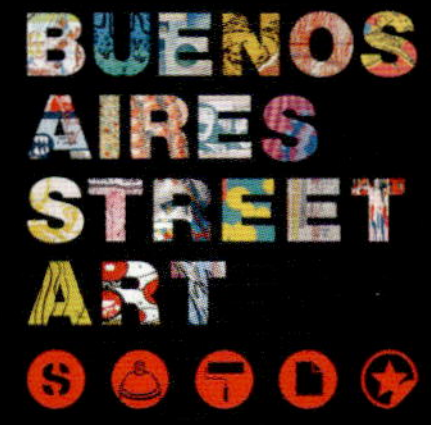

Buenos Aires Street Art
Guido Indij
ISBN 978-950-889-197-6
232 pp.

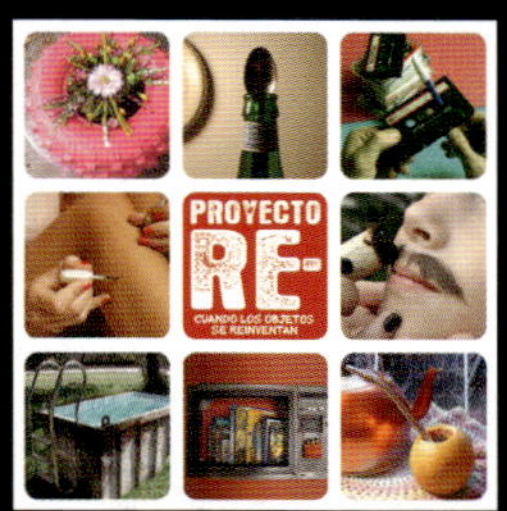

Proyecto RE
Andy Marquine
ISBN 978-950-889-286-7
224 pp.

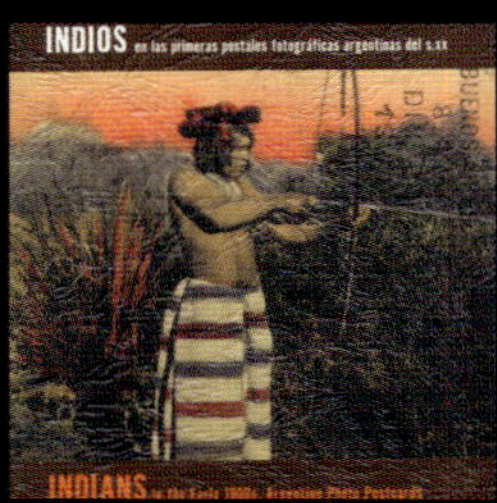

Indios en las primeras postales fotográficas argenintas del s. XX
Carlos Mastta
ISBN 978-950-889-162-4
120 pp.

Escritos en la calle

Impreso en Asia Pacific Offset LTD, Unit C-E, 11/F, Yeung Yiu Chung (no.8) Ind/Bldg. 20 Wang Hoi Road, Kowloon Bay, Hong Kong, en el mes de enero de 2017.

www.lamarcaeditora.com